Python ではじめる
会計データ
サイエンス

稲垣大輔・小澤圭都
野呂祐介・蜂谷悠希
著

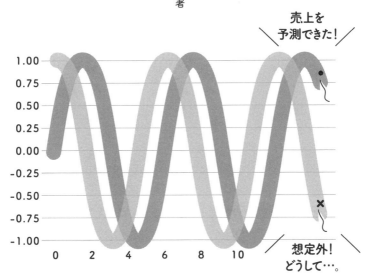

売上を
予測できた!

想定外!
どうして…。

中央経済社

は じ め に

本書の特徴

　本書は，プログラミング言語の「Python（パイソン）」によって会計データを用いたデータサイエンスを実践するための書籍です。昨今，企業のデータ活用はますます重要視されており，多くの企業がその方法を模索しています。対象データには当然会計データも含まれており，各企業の経理財務部や企画部においても，KPI（Key Performance Indicator，重要業績評価指標）になる情報の収集や，それらを用いた分析のニーズがあります。

　しかし，今まで会計業務に従事したことのある方にとって，プログラミングやデータ分析などはなじみのない領域であり，それらをどのように学べばよいのかわからないという人もいるかもしれません。読者の中には書店に赴いてプログラミングの入門書を購入してみたものの，結局勉強を断念した方もいるかもしれません（かつての筆者もそうでした）。

　我々筆者一同は，2018年からPyCPA（パイ・シーピーエー）という勉強会を主催するようになりました。それからしばらくして，「同じように会計×プログラミングの学習に苦労した方に向けて何か力になれることはないか」と思い立ちました。本書はそのような思いと，筆者一同の経験を詰め込んだ，類のない書籍になっています。

　本書の特徴として，次の4つが挙げられます。

① 会計データに特化したデータサイエンスを実践するための書籍である
② 数学・IT・ビジネスというデータサイエンスの要素を学べる
③ サンプルコードを交えた説明により，手を動かしながら学習することができる
④ 会計実務に従事した筆者達の経験に即したストーリーになっている

　会計とデータサイエンスの双方に知見があるからこそ，それぞれに興味がある読者が何らかの気づきを得られる内容となるように心がけて執筆しました。

本書の対象読者（ペルソナ）

　本書を執筆するにあたり筆者が真っ先に考えたことは「誰に向けて書くか」です。執筆陣同士で対象読者がどういった方なのか，どのような分野に興味があり，どのような生活をしているのかということまで徹底的に考えた結果，以下のような具体的すぎるくらいの人物像をペルソナとして設定しました。

プロフィール

- 山手線の少し外れに住んでる 30 歳サラリーマン（勤続年数 7 年目くらい）
- 大手企業の経理部に所属をしており，周りの IT リテラシーはそれほど高くないと思っている。だが自分も言うほど自信がない
- 監査法人からサンプル提出を依頼されたり管理会計業務を任されているが，それがなぜ行われているのかの説明をシッカリできるわけではない
- 企業にあるデータを活用すればもっと効果的な分析ができると思っているが，部門の壁や知識不足でイマイチ行動に移せていない

数学スキル

- 私立大学の経済学部出身であり，数学は高校レベルで止まっている
- 数学に対して大きなアレルギーはないが，仕事においてどう使うのかという目線がない
- データサイエンスと数学の関連性もイマイチ理解できていない

IT スキル

- Excel は問題なく使えるし，ショートカットなどの活用もネット検索でできる
- プログラミングについては本を何冊か買ったけれど，モチベーションが続かず積読になっており，基礎レベルから習得したいと考えている
- 「AI に仕事が奪われる！」と上司に言われているけれど，AI は魔法の道具ではないとなんとなく思っており，自分の言葉できちんと説明ができるようになりたい

- 会計領域に使えるものは VBA（Visual Basic for Applications）くらいだと思っているが，それも自分でやるのは心が折れる

生活スタイル

- Twitter などの SNS を行っており，それらを用いて情報収集を日常的に行っている
- 休日は上野公園までランニングをする，秋葉原で家電を見るなどの生活をしている
- 本屋にはたまに通い，気分が乗れば流行りの本を購入する

本書で身につけてほしい内容

本書を読み進めていけば，このペルソナが会計データサイエンスを自力でできるような内容となるように，筆者一同心がけました。もし上記のペルソナに共感できる部分があれば，ぜひとも本書を手にとって会計データサイエンスのための知識，具体的には，以下のようなマインドを身につけてほしいと思います。

数学

- 問題解決の引き出しとして，数学的手法を選択することができるようになる
- 本書を通じて数学に触れることにより，数学が役に立つ知識であることを実感してもらう
- 本格的な数学入門書を読むモチベーションを持つ

IT

- データサイエンスの基本的な手法を知り，自分で調べられるレベルに達する
- 入門書を 1 冊読み切ったレベルになり，この本をきっかけに発展的なテキストに挑戦する
- Python で実務の一部の課題を解決してみようと思えるようになる

ビジネス

- DX（デジタル・トランスフォーメーション）が流行する現在のビジネス環境でデータ分析を推進するマインドを持つ
- 経理というドメイン知識を活かしたデータ活用に関する全体像を持つ
- データサイエンスを実践するための土壌を理解する

サンプルコード

　本書のサンプルコードは，以下の手順よりダウンロードできます。しかし，可能であれば読者の方は記載されているサンプルコードを用いて，自ら手を動かして学んでいただきたいと思っています。

サンプルコードを実行する時の手順

(1)　中央経済社ビジネス専門書 Online の本書の商品ページにアクセスする

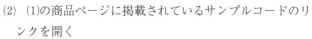
https://www.biz-book.jp/isbn/978-4-502-43811-0

(2)　(1)の商品ページに掲載されているサンプルコードのリンクを開く

(3)　サンプルコード一覧を右クリック→ダウンロードをクリックして，zipファイルをダウンロード

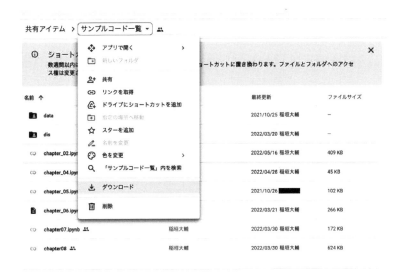

(4)　ローカルで zip ファイルを解凍して，マイドライブにアップロード

(5)　その後マイドライブ上の「サンプルコード一覧」フォルダを開き，コードを実行する

目　次

第 2 部　会計データサイエンスの実践　105

第1部

会計データサイエンスの基礎知識

第1章

会計データサイエンスの準備体操

Episode 1

　上場企業の経理として働いて8年目になる竹山さんは，大学卒業後しばらく会えていなかったスタートアップに勤務している友人と再会し，仕事談議で盛り上がりました。「最近データサイエンス領域に興味があって勉強を始めたんだよねぇ」。そんな友人の言葉が気になって，竹山さんはデータサイエンスについて少し興味を持つようになりました。

　勤務先の部長も「これからの時代はデータサイエンスだ！　ウチもデータを活用するぞ！」と意気込んでいますが，そもそもデータサイエンスとは一体何なのでしょう。とりわけ，会計データサイエンス，つまりデータ分析を会計業務に活用するためには，具体的にどんなことを学び，どんなふうに実践していったらよいのか，わからないことだらけです。

　データ分析や統計学のテキストを開いてみても専門用語ばかりだし，プログラミングの本を読んでみても自分の仕事に使えるのかわからない構文ばかり。「そういえば過去に気まぐれで買ったVBA，Ruby，Javaの本も結局読み進めることができなかった。でもきっと，データサイエンスを身につければ，会計データがビジネスの行き先を指し示してくれる…。」そんな希望を胸に，まず会計データサイエンスとは何なのか，その概要を知ろうと竹山さんは意気込みました。

I　本章の目的

　この章では，会計データサイエンスの定義をはっきりと示し，会計データサイエンスにおいて重要な3つの要素について理解することを目的とします。会計データサイエンスの3要素とは，数学・IT・ビジネスです。それぞれがどのようなスキルを意味しているのかを理解した上で，3つのスキルをどのように獲得できるかを見ていきましょう。

Ⅱ　データサイエンスとは何か

　まずはじめに，データサイエンスとは何なのかということについて押さえていきましょう。本書ではデータサイエンスを次のように定義します。

> 統計や機械学習（**数学**）とプログラミング（**IT**）スキルを使って，**ビジネス**の課題を解決するプロセス

　データサイエンスの定義には，以下の3つの重要な要素が含まれています。
① **数学**　問題を解決するために利用する統計学の知識や，数理モデルを組み立てる能力
② **IT**　解決策を実現するためのITスキルであり，分析を行う際のプログラミング能力やITツールを使いこなす能力
③ **ビジネス**　データが生まれる背景を理解したり，データサイエンスの結論を解釈したり，事業上のアクションにつなげたりする能力

　会計データサイエンスの実践にあたっては，この3つの要素をバランスよく習得することが重要です（**図表1-1**）。

図表1-1　会計データサイエンス実践の3要素

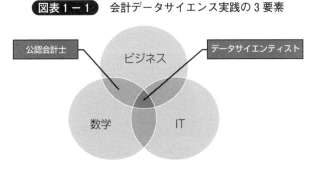

（出所）塚本・山田・大澤（2019）のp. 2を参考に筆者作成

Ⅲ　データサイエンティストのスキルセット

　前節で説明した数学・IT・ビジネスというデータサイエンスの3要素は，データサイエンティストに求められる基本的なスキルセットと整合しており，本書のオリジナルな考え方というわけではありません。

　データサイエンティストとは，データサイエンスの実践者をいい，一般社団法人データサイエンティスト協会によれば，**図表1−2**の3つのスキルセットが求められています。

図表1−2　3要素とデータサイエンティストのスキルセットの関係

〈データサイエンティスト協会が掲げる3つのスキルセット〉
> データサイエンス：
　情報処理，人工知能，統計学などの情報科学系の知恵を理解し，使う力
> データエンジニアリング：
　データサイエンスを意味のある形に使えるようにし，実装，運用できるようにする力
> ビジネス力：
　課題背景を理解した上で，ビジネス課題を整理し，解決する力

〈会計データサイエンスの3要素と3つのスキルセットとの関係〉

会計データサイエンスの3要素	データサイエンティストのスキルセット
数学	データサイエンス
IT	データエンジニアリング
ビジネス	ビジネス力

　本書で定義するデータサイエンスと，データサイエンティスト協会の求めるスキルセットとは上記のように整合しています。また，数学・IT・ビジネスの3要素やデータサイエンティストの3つのスキルセットは，データサイエンスを学ぶための教材にもたびたび取り上げられており，たとえば塚本・山田・大澤（2019）のような他の書籍とも整合しています。データサイエンスにおいてこれらのスキルがいかに重要であるかがうかがえます。

Ⅳ　会計分野におけるデータサイエンス

　データサイエンスの中で，**会計に関するビジネスの課題を解決することを目**

的とするもの，会計データを用いて課題解決を行うものを，**会計データサイエ
ンス**と我々は定義します。会計データサイエンスといってもあまりイメージが
湧かないかもしれませんが，実は従来から，会計分野で統計学的手法に基づく
データの分析と意思決定は実践されていました。たとえば1962年に公表され
た原価計算基準の四（一）2には，以下のように記されています。

> 標準原価とは，財貨の消費量を科学的，統計的調査に基づいて能率の尺度となる
> ように予定し，かつ，予定価格又は正常価格をもって計算した原価をいう。

　ここで注目すべきは「科学的」「統計的」という言葉です。50年以上前の会
計ルールにおいて，すでに今日のデータサイエンスに類する考え方に言及され
ていました。これは，会計人材が知らず知らずのうちにデータサイエンス的な
ものの見方をしてきた可能性を示唆しています。実際，会計人材の代表格であ
る公認会計士は，そのスキルセットを考えるとデータサイエンティストと近い
位置にいると捉える向きもあるようです（**図表1-1**）。
　また，データサイエンスと似た用語として，データアナリティクスやビッグ
データ解析などがありますが，本書ではそれらもひとまとめにして，データサ
イエンスと呼ぶことにします。

Ⅴ　会計データサイエンスの3要素

　会計データサイエンスの実践にあたって意識すべき3つの要素について，そ
の内容をもう少し詳しく見ていきましょう。データサイエンスの定義に含まれ
る3つの重要な要素，数学・IT・ビジネスは，このうちどれか1つでも欠け
てしまえば，データサイエンスの価値が大きく損なわれてしまいます。これら
が調和することでデータサイエンスは実効性を高めるので，スキル習得に先立
ちその内容について理解しておきましょう。

1　数学：解決法を見極めるスキル

　データサイエンスで意識したい数学のスキルには，統計学，つまりランダム
なデータからその傾向を読み解くための数理的手法が含まれます。
　たとえば，「当期の人件費として計上されるであろう金額を合理的に推測した

い」という課題に対して統計学の考え方に基づいて「過去の実際の人件費が従業員数と線形関係にありそうだ」というデータ間の関係が頭に浮かべば，統計学の基本的手法である線形単回帰分析の適用を検討することができます。「従業員数と人件費が線形の関係にある」という数学的理解と「線形単回帰分析」のような統計的手法を学んでおくことで，分析の「引き出し」を増やすことができるのです（**図表 1 － 3**）。

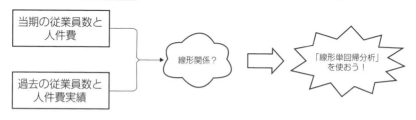

図表 1 － 3　会計データを分析する際の「引き出し」

当期の従業員数と人件費

過去の従業員数と人件費実績

線形関係？

「線形単回帰分析」を使おう！

　ほかにも，時系列解析によって過去のデータから将来予測を行える（**第 5 章**）とか，機械学習の強力な手法であるサポートベクターマシンを使ってデータの分類を行える（**第 6 章**）といったように，数学的理解があればビジネスの課題と解決策とを結びつけるのが容易になります。データサイエンスにおける数学は，認識された課題に対して，適切な解決方法を見極めるスキルといえます。

2　IT：課題解決の実行スキル

　データサイエンスにおいて重要な 2 つ目の要素が IT です。IT という要素には，プログラミングやソフトウェアの利用スキルが含まれます。あるビジネスの課題を認識した際に，数学の知識をもとに「回帰分析が有効だ」と結論づけたとしたとき，大量のデータから導かれる回帰直線の式を紙とペンで計算するわけにはいきません。そこでコンピュータに頼ることになります。

　データサイエンスとして最近注目されているのは，プログラミングによって大規模なデータを分析するプロセスです。大規模なデータをミスなく迅速に分析するためには，Python などのプログラミング言語に頼るケースが多くなります。プログラミングを志す人の多くは，最初にどの言語を学ぶべきかという問題に直面することもありますが，特にデータサイエンスへの応用をイメージしている場合には，Python はとても良い選択になります。

なぜ「Python ではじめる」のか

　データサイエンスにおいて利用される機会が多いプログラミング言語 Python は，この分野で確固たる地位を築いています。初心者でも学びやすい文法を備えているとか，動作確認が比較的容易であるという性質が，Python の普及に大きく貢献しています。しかし，それ以上に重要な理由があります。それは，データ分析や統計処理のためのツールである「ライブラリ」が充実していることです。

　ライブラリとは，Python で利用可能な分野ごとの専門ツールのようなものであり，利用自由の「道具箱」のようなものです。Python では，作成した関数やプログラムをひとまとめにして保存し，それを簡単に呼び出せます。またそれを他の人に共有することも容易です。他の人が作成した専門的なプログラムが，ライブラリを使うことによって簡単に利用できるのです。データサイエンスに関連するライブラリはとても豊富なので，初心者であっても自分が行いたい統計分析をすぐに実践できます。ライブラリは世界中のプロフェッショナルが開発しており，ネット上で公開されているので，誰でも簡単に自分の分析に利用することができます。

　データサイエンスで広く使われているライブラリには，以下のようなものがあります：

- NumPy（ナンパイ）：科学計算全般に使える
- SciPy（サイパイ）：数値計算，最適化，統計などに利用できる
- pandas（パンダス）：データの分析や操作を速く・柔軟に行える
- scikit-learn（サイキットラーン）：機械学習で広く用いられる

　本書で紹介する実践例でも，これらのライブラリを最大限活用する予定です。本書で紹介する分析例のほとんどは，Python による分析コードを公開しています。オンラインの Python 実行環境である Google Colaboratory を使えば簡単に実行できるので，ぜひ手を動かしながら読み進めてください。

　Google Colaboratory の使い方や基礎的なライブラリの利用方法は，**第2章**で説明します。

3　ビジネス：課題を見つけ立ち向かうスキル

　データサイエンスにおいて重要な3つ目の要素，そして筆者が最も重要と考えている要素が，ビジネスの視点です。データサイエンスにおいて必要なビジ

ネスの視点とは，組織がどのような課題に直面していて，それを解決することでどんなメリット・デメリットがあるのか，それらを認識・整理・伝達する能力を指します。数学・IT のスキルにビジネスの視点を掛け合わせることで，ビジネスの課題の中からデータ分析で解決できそうな課題を識別し，これをデータサイエンスの問題に落とし込むことができるようになります。また，分析結果を解釈してアクションプランを策定したり，実際の組織行動にフィードバックしたりできるようになります。

　しかし，残念ながらデータサイエンスにおけるビジネスの視点を養うための教材は，数学・IT に比べて限られています。データサイエンスに用いる統計学や Python による実装例を学びたければ，テキストも充実しており，無料の学習資料やオンライン講義をインターネットで利用できるため，学習意欲さえあれば勉強するのは難しくないでしょう。それに比べ，ビジネスの視点に関しては，学びを得る機会がかなり少ないと筆者は感じています。

　実践的な統計学のテキストやプログラミングの教科書で技術の使いどころが例示されていることはありますが，それらの例と自分が直面しているビジネスの課題との類似性が見出せなければ，せっかくの技術も宝の持ち腐れとなってしまいます。そもそも自分が属する組織がどんな課題に直面しているのかを認識できなければ，いかに数学や IT のスキルが高くとも解決策を見つけることはできませんし，分析の結果をビジネスにフィードバックできなければデータサイエンスとしての価値はありません。

　データサイエンスにおけるビジネスの視点は，体系的にインプットできないからこそ，学習者が常に意識すべき重要なポイントです。自身の置かれた環境の中で「データサイエンスで解決できる課題はないだろうか」「この問題は数学と IT で解決できそうだ。これをどう上司に伝えたらいいだろうか」と日頃から意識し続けることが，この視点を養うための近道になるかと思います。

　この会計データサイエンスにおけるビジネスの視点は，会計データの性質を理解する際にも発揮されます。たとえば，会計データの基本ともいえる仕訳は，起票タイミングや勘定科目，摘要欄の文言などに豊富な情報を含みます。しかし，顧客属性などさらに詳細なビジネスデータとの関係性は失われてしまいがちです。仕訳は最終的に財務諸表という「粗い」形式に集約されるため，財務会計の最低限の役割を果たすためには，「細かな」情報を保持しておく必要はないとも思えます。ところが，管理会計的な役立ち，すなわち，企業・組織内

における会計データの活用を期待するときには，「細かな」データこそが重要になります。**第9章**ではこの点について深掘りし，会計データベースのあり方について考えてみます。

VI　普段の業務でデータサイエンスを実践するために

　本書の各章では会計データサイエンスのモチベーションを「Episode」として提示し，数学・IT・ビジネスの３つの視点から解説を行います。会計データサイエンスの実践について述べた**第6章**では「たこ焼き屋さんが資金繰りを考えるために，将来の掛売上の動向を占いたい」というビジネスニーズに応えるべく，機械学習の手法の１つであるサポートベクターマシンによる分析を行います。**第7章**では営業担当者が行う収益性分析に際して，異常を発見したいというモチベーションから，k近傍法による異常検知の方法を解説します。

　読者の中にはこうした例に触れることで，自身の業務の中でも会計データサイエンスに挑戦したいと思う方も出てくるでしょう。ここでハードルとなるのが，上司に会計データサイエンスの意義や方法論を理解してもらい，業務内で会計データサイエンスにチャレンジする許しを得ることです。上司の納得を得ることも重要なビジネスの要素であるため，実務における重要項目の１つです。

　上司を説得するには，データサイエンスのベネフィットをストーリーで語るのがオススメです。「いま業務ではこんな問題があって，データ分析によってこんな結果が得られそうなので，業務課題が解決できそうです」というストーリーが提示できれば，上司もきっとあなたの声に耳を傾けてくれるでしょう。課題が顕在化していない場合には，データ分析の活用によるメリットを話してもよいでしょう。

　さらに強力な説得方法は，実際のデータを使って課題を部分的に解決して見せることです。高度な分析手法を用いなくてもいいので，ある程度の成功の見通しを示すことができれば，上司の納得感は一気に高まるでしょう。一旦納得を得られれば，高度な数学的手法を試すなど，さらなる課題解決につながることを期待してもらえればよく，このハードルは最初に比べればずっと低くなります。

　ただ，データへのアクセス，予算や時間の確保といった理由から，プロトタイプの作成を行うのは難しいことがほとんどです。こうした場合は事例をもとに上司を説得することになると予想されます。日頃からデータ分析の応用事例

に触れ，データ分析がどんな課題を解決したのかをまとめて，上司に共有するなどの「寝技」が求められるでしょう。同業他社でデータ分析の取組みがあれば，うちでもやろうと前のめりになってくれる可能性が高まります。幸運にも，従来コミュニティの中で共有されてきたデータサイエンスの活用例が，リモート勉強会の広まりによってアクセスしやすくなってきたと思います。同じ志を持つ仲間から実例を聞くことができれば，それも説得材料にできます。

VII　まとめ

　本章では，会計データサイエンスの準備体操として，会計データサイエンスにおいて重要な数学・IT・ビジネスの3要素の中身について解説しました。これらは一朝一夕でマスターできるものではないため，日々の積み重ねで着実に身につける必要があります。**第2章**以降では具体的な活用事例なども踏まえて，会計データサイエンスのスキルを身につけるための解説をしていきますので，ぜひ手を動かしながら楽しんでいただけると幸いです。より深い理解をしたい方は，下記に記載している参考文献を一読することをオススメします。

 参考文献

- 塚本邦尊・山田典一・大澤文孝（2019）『東京大学のデータサイエンティスト育成講座：Pythonで手を動かして学ぶデータ分析』マイナビ出版
  > Pythonを用いたデータサイエンスの入門書としてオススメの1冊です。手を動かしながら学習することを目的としています。
- 一般社団法人日本ディープラーニング協会監修（2018）『深層学習教科書 ディープラーニングG検定（ジェネラリスト）公式テキスト』翔泳社
  > ディープラーニングG検定の入門テキストです。「ディープラーニングの基礎知識を有し，適切な活用方針を決定して，事業活用する能力や知識を有しているか」を測定するための試験ですので，ディープラーニングに興味がある方は一読してみてはどうでしょうか。
- 新井康平（2018）「管理会計の『確率・統計』：マネジャーのための統計的経営分析7つ道具」『企業会計』Vol.70 No.6：42-51頁
  > 統計分析がどのように管理会計で活用されるかを理解するために読むことをオススメします。

第 **2** 章

Python入門

── **Episode 2** ──

　会計データサイエンスに興味を持った竹山さんですが，だからといって急にデータサイエンスのためのツールを使えるようになるはずもなく，相変わらず日々のデータ分析等を Excel で行っていました。当初は Excel で十分に対応できていたのですが，事業規模が増大していくにつれて，扱うデータ量が膨大になり，Excel では耐えられないようになってきました。竹山さん「あぁー，また Excel が止まった，いい加減どうにかしないとなぁ…」。

　そんな中，新入社員の大澤さんが「Python を使ってみたらどうですか？Google Colaboratory を利用すれば環境設定も不要ですし，何より大量のデータを取り扱いやすくなります！」とアドバイスをくれました。今までプログラミングの本を積読にしてきた竹山さんですが，先日勉強した会計データサイエンスの可能性に希望を見出し，Python の勉強をすることを決意。基本文法から学んでみることになりました。

I 本章の目的

　この章では，本書を読み進めるにあたり最低限必要な Python の文法や機能を紹介していきます。Python の文法やライブラリの機能は非常に膨大であり，それだけで 1 冊の本があるほどです。本書では，実際に手を動かしながら会計データサイエンスを実践していきたいので，必要最低限に絞って Python の入門的な解説をしていきます。基本的な内容が中心となるので，すでに Python を学んだことのある読者は適宜読み飛ばしてもかまいません。もし，Python の仕様やライブラリの仕様について詳しく調べたくなった場合は，適宜公式ドキュメントや参考文献を一読いただけると幸いです。

Ⅱ　Pythonとは

Pythonは1990年代の始め，オランダにあるStichting Mathematisch Centrum（CWI, https://www.cwi.nl/参照）でGuido van RossumによってABCと呼ばれる言語の後継言語として生み出されました。

Python のメリットは以下のようなものが挙げられます。
- オープンソースであり無料で利用できること
- Google アカウントを持っていれば，後述の Google Colaboratory を利用して環境構築を行わずに利用できること
- 科学計算などのライブラリ・機械学習のライブラリが豊富なこと
- 事例や文法などが調べやすいこと

このように，データサイエンスを気軽に試しやすい特徴があることから，データサイエンスをやるために Python を触ってみようというニーズが増えてきました。以下の解説では様々なライブラリを用いることになるため，ぜひコードを書きながら Python の基本事項を学んでいただければと思います。

Ⅲ　Pythonの利用方法

Python を使うための第一歩として，作業環境の構築を行う必要があります。しかし，これは結構な手間であり，初心者がつまずきやすい箇所です。そのため，本書では，Google Colaboratory という Google のサービスを用いて，環境構築を省略しつつ Python を動かしていきます。なお，ローカルで Python の作業環境を構築するための方法は本書では取り扱いませんので，ローカル環境で実施をしたい場合は，作業環境の構築やデータのディレクトリには注意してください。

1　Google Colaboratory の利用方法

　Google Colaboratory（以下「Google Colab」ともいいます）は，ブラウザから Python を記述，実行できるサービスです。次の特長を備えています。

- 環境構築が不要
- GPU への無料アクセス
- 簡単に共有

　Google Colab の利用方法は非常に簡単で，Google Drive で右クリックをして Google Colab を選択すれば開けます（**図表2－1**）。

図表2－1①　Google Drive から Google Colab を選択

図表2－1② Google Drive から「アプリを追加」を選択し Google Colab をインストール

■　＋アプリを追加

■　Colaboratory を検索

検索結果: Colaboratory

Colaboratory
Colaboratory team
This allows Google Colaboratory
to open and create files in
Google Drive. It is automaticall...

★ 4.7 ・ ⬇ 10,000,000+

■　Colaboratory を追加

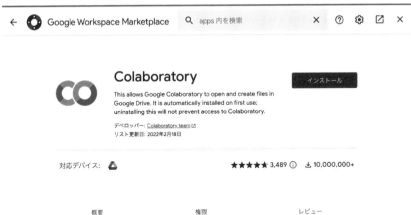

開いたら Jupyter Notebook という開発環境の画面が出てきます（**図表2－2**）。

図表2－2　Jupyter Notebook の画面

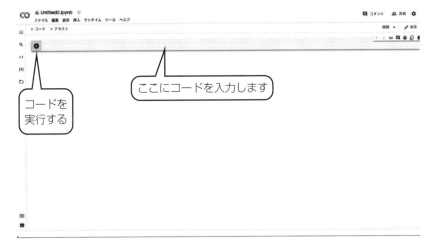

Ⅳ　Python基本文法

　この節では，Python の基本文法について解説を行います。本書では様々な
ライブラリを用いてデータサイエンスのためのコードを実装することになりま
すが，それらを用いるためには Python の基本文法を理解する必要があります。
そこで，本章で最低限の Python の基本文法を理解していきましょう。

1　変　数

　変数とは，数字や文字列などを入れる箱のようなものです。変数に値を代入
するためには，「=」という記号を用います。プログラミングにおける「=」は，
「等しい」という意味ではないので注意が必要です（「等しい」という意味で使
いたい場合は「==」などを用います）。

コード2－1 ▶

```
1  # a, bという変数に数値を代入している
2  a = 1
3  b = 2
4
5  c = a + b
6  # cの結果を出力する（printはかっこ内の変数の値を表示させる命令文）
7  print(c)
```

実行結果

```
1  3
```

　上記のコードを Python で実行すると，「3」と出力されます。また，上記
の変数の数字を変更した上でもう一度実行すると，違った結果になると思いま
す。各々数字を入れ替えた上で実行してみてください。
　変数に入れられるのは，数字だけではなく，文字列やリスト，ブール値（真
偽値）など，様々な型を入れることができます。**図表2－3**に挙げたものは基
本的な型の一覧なので，コードを書くときに参考にしてください。

図表2－3　変数の基本的な型

型の名前	変数の型	データの例
ブール値	bool	True, False
整数	int	0, 1, 72, 1000
浮動小数点数	float	1.1, 3.14, 62.5
文字列	str	'axis', '日付', "python"
リスト	list	[1, 2, 3], ['inagaki', 'ozawa', 'noro', 'hachiya']
辞書	dict	{'inagaki': 29, 'ozawa': 33, 'hachiya': 31}

2　if文

　Pythonではif文という形式で条件分岐を行うことができます。if文を記載する際には，条件文 → 処理という流れで記載していきます。条件に応じた処理についてはインデント（字下げ）を用いて内容を記載していきます。なお，Pythonでは1インデントごとにスペース4つを使うべきと，「PEP 8 – Style Guide for Python Code」というドキュメントには記載されています。Google Colabの初期設定ではインデント幅が2つになっているため，Colab右上の「設定」で変更するのがオススメです。

　if文を使ったコードのサンプルは以下のようになります。

コード2－2　▶

```
1  point = 100
2  # 条件①
3  if point == 100:
4      print('excellent!')
5  # 条件①を満たさない時に条件②が成立する場合
6  elif point >= 80:
7      print('good!')
8  # 条件をいずれも満たさない場合
9  else:
10     print('repeat a year!')
```

実行結果

```
1  excellent!
```

　今回の例においては，point（変数）に値を入力し，その値に応じて出力を変更します。1行目の point の値を変更してみると，違う文字列が出力されるので試してみましょう。データサイエンスにおいては，条件に当てはまる行だけを対象に変換処理を行うケースなどに利用されます。if 文はプログラミングを行うために必要不可欠であるため，しっかり理解していきましょう。

3　繰り返し処理

　プログラムにおいて同じ処理を繰り返す場合はループ処理を使用します。Python には while と for の2種類のループがあります。

(1)　for 文

for 文は以下のように記載します。

コード2－3　▶

```
1  a = [1, 2, 3, 4, 5]
2  for x in a:
3      print(x)
```

➡ 実行結果

```
1  1
2  2
3  3
4  4
5  5
```

　この処理を実行すると，1,2,3,4,5 という形で数字が出力されます。

(2)　while 文

コード2－4　▶

```
1  count = 1
2  while count <= 5:
3      print(count)
4      count += 1
```

実行結果

```
1 | 1
2 | 2
3 | 3
4 | 4
5 | 5
```

コード2－4の処理を実行すると，先ほどの for 文と同様に，1,2,3,4,5 と順に数字が出力されます。変数 count の数字が5を超えたとき，このループが終了します。while においては，条件を満たさなくなったときにループから脱却できる仕様になっていることから，条件を満たせない場合だと無限ループに陥ることになります。コードを書くときはご留意ください。

while 文も for 文も繰り返すという意味では同じですが，while 文は条件が成り立っているときだけ繰り返しを実行するので，繰り返す回数がわからないときなどに活用します。

4 関数の実装

(1) 基本関数

関数とは，ある引数を取ったときに，一定の返り値を出力する，一連の処理をまとめたものです。

Python で関数を定義するときは，def と入力し，関数名を書き，関数に対する入力引数をカッコに囲んで，最後にコロンをつけます。コロン以下はインデントして，処理の中身を記載します。以下に関数の例を記載したので，確認してみましょう。

コード2－5

```
1  def add_number(a, b):
2      return a + b
3
4  print(add_number(2, 4))
```

実行結果

```
1 | 6
```

　1行目と2行目では add_number という関数を定義しています。2行目にて返り値をaとbの合計額として定義しました。その後4行目で add_number 関数を実行した結果，6という数字が出力されます。

⑵　内包表記

　内包表記はリストやセットなどを簡潔に生成するための機能です。
　記載方法は以下のようになります。

［式 for 任意の変数名 in 配列］

　数値例を用いてリスト内包表記を記載してみましょう。

コード 2 － 6　　 ▶

```
1  # x*x の処理を[2, 4, 6]の配列の中身に対して実行する
2  [x*x for x in [2, 4, 6]]
```

実行結果

```
1  [4, 16, 36]
```

　上記の処理ではxの二乗の処理を，配列 [2, 4, 6] の要素ごとに順番に処理をしていき，[4, 16, 36] という結果が返されました。
　また，リスト内包表記では条件式も含めることも可能です。

コード 2 － 7　　 ▶

```
1  [x*x for x in range(10) if x%2 == 0]
```

実行結果

```
1  [0, 4, 16, 36, 64]
```

　range 関数は，引数に指定した数だけ，0からはじまる数字の配列を返します。今回の range(10) の場合だと，[0, 1, 2, 3, 4, 5, 6, 7, 8, 9] という配列を返します。

if x%2==0 の部分では，0 から 9 までの値のうち，2 で割った余りが 0 になるものだけを抽出します。したがって，[0, 2, 4, 6, 8] という数値だけに x*x の処理が実施され，[0, 4, 16, 36, 64] という配列が出力されます。

リスト内包表記は，後述の map 関数や filter 関数の代替などにも使え，関数の設定や条件分岐と組み合わせることで簡潔にコードを書くことができます。しかし，リスト内包表記に色々詰め込みすぎると逆に読みづらくなってしまうので，その場合は普通に関数を使ったり，for 文を使うなどして処理を分割したほうが逆に読みやすいケースもあります。

(3)　map 関数

map 関数は，リスト内のすべての要素に関数を適用する関数です。そのため，配列の中身をスムーズに処理することができるようになります。map 関数の適用方法は以下のように，引数に関数とリストを入力することで使えます。

```
map( 関数 , リスト )
```

実際に map 関数を使ってみると以下のようになります。

コード 2 － 8　▶

```
1  numbers = [1, 2, 3, 4, 5, 6]
2  def double(x):
3      return x**2
4  x1 = map(double, numbers)
5  print(x1)
```

実行結果

```
1  <map object at 0x7fa958708d00>
```

print で出力したとしても，<map object at 0x7fa958708d00> のように map オブジェクトと呼ばれるものが返ってきます。map 関数で出力されたオブジェクトをリストとして出力する際には，list で囲ってあげる必要があります。

コード 2 − 9　　▶

```
1  print(list(x1))
```

実行結果

```
1  [1, 4, 9, 16, 25, 36]
```

そうすることで，計算結果が出力されたリストを作成します。

(4)　filter 関数

filter 関数は，リスト内のすべての要素に関数を適用し，関数の条件に当てはまるものだけを抽出して新たなリストを作ります。filter 関数の適用方法はmap 関数と同様，引数に関数とリストを入力することで使えます。

```
filter ( 関数，リスト )
```

実際に filter 関数を使ってみると以下のようになります。

コード 2 − 10　　▶

```
1  numbers = [1, 2, 3, 4, 5, 6]
2  def even(x):
3    return x%2==0
4  x2 = filter(even, numbers)
5  print(list(x2))
```

実行結果

```
1  [2, 4, 6]
```

こちらも map 関数と同様，出力されたオブジェクトをリストとして出力する際には，list で囲ってあげる必要があります。

(5) 無名関数

Python では上記のとおり def 文で関数を定義しますが，lambda（ラムダ式）で名前を持たない無名関数を作成することもできます。**コード 2 − 5** で解説した add_number という関数を以下のように作ることができます。

> **コード 2 − 11** ▶

```
1  add = lambda a, b: a + b
2  c = add(2, 5)
3  c
```

実行結果

```
1  7
```

上記処理では，add という変数に lambda 式を適用しています。lambda 式は関数を作るほどでもない簡易的な処理をサクッと書くのに利用されるケースがあります。そのため，以下のように map 関数などとセットで使われることもあります。

> **コード 2 − 12** ▶

```
1  numbers = [1, 2, 3, 4, 5, 6]
2  x1 = map(lambda x: x**2, numbers)
3  print(list(x1))
```

実行結果

```
1  [1, 4, 9, 16, 25, 36]
```

5　ライブラリのインポート

ライブラリとは，Python の定義や文が入ったファイルの集まりです。ライブラリの中には複数の処理の定義が含まれており，ユーザーは適宜必要なライブラリをインポートして作業を進めていくことができて便利です。また，Anaconda 等の Python の開発環境の中にも複数のライブラリがあらかじめ含まれているため，自分の環境でどんなライブラリが使えるのかを確認しておく

とよいでしょう。

　インポートは，import（ライブラリ名）で実行することができます。たとえば，NumPyをインポートする際には以下のように記述します。

```
1  import numpy as np
```

　また，ライブラリの一部の機能を利用する場合には，以下のような記法もあります。

```
1  from sklearn.model_selection import train_test_split
```

　ライブラリの機能は非常に豊富であることから，多くの場合は公式ドキュメントを備えています。もし調べていくうちにわからないことが出てきたら，なるべく公式ドキュメントを読むようにしましょう。書籍やブログを読めば基本的機能などはわかるかもしれませんが，それだけでは備えている機能を網羅的にカバーしていない場合があります。もしかしたら情報が古くなったり誤ったりしている可能性もあるかもしれません。公式ドキュメントには網羅的に機能の解説があるため，辞書として適宜参考にすることがオススメです。以下に参考リンクを張りますので，興味のある読者は適宜参照してください（**図表2－4**）。

図表2－4　**主要ライブラリの公式ドキュメント**

ライブラリ	リファレンス
NumPy	https://numpy.org/doc/
pandas	https://pandas.pydata.org/docs/index.html
Matplotlib	https://matplotlib.org/stable/api/index
scikit-learn	https://scikit-learn.org/stable/

V　NumPy入門

NumPy とは Python のライブラリの１つで，数値計算を高速に行うための
ライブラリです。NumPy は C 言語で書かれていることから処理が高速です。
しかし，C 言語のようにデータ型を持っていることから，利用にあたってはデ
ータ型をきちんと確認する必要がある点ご留意ください。

1　インポート

以下の方法で NumPy のインポートを行います。

```
1  import numpy as np
```

2　ndarray の作り方

ndarray とは，配列処理を行うための型であり，NumPy で処理をするため
に必要です。np.array の中に配列を入れることで，ndarray 型のデータが作成
されます。

コード 2 − 13　▶

```
1  a = np.array([1, 2, 3])
2  print(a)
```

実行結果

```
1  [1 2 3]
```

また，二次元配列としても処理することが可能です。

コード 2 − 14　▶

```
1  b = np.array([[1, 2, 3], [4, 5, 6]])
2  print(b)
```

実行結果

```
1   [[1 2 3]
2    [4 5 6]]
```

配列は以下のように変形もできます。reshape 関数は配列の形状を変換するために利用します。

コード2－15 ▶

```
1   #1行・6列に変換
2   c = b.reshape((1, 6))
3   print(c)
```

実行結果

```
1   [[1 2 3 4 5 6]]
```

```
1   #3行・2列に変換
2   c1 = c.reshape((3, 2))
3   print(c1)
```

実行結果

```
1   [[1 2]
2    [3 4]
3    [5 6]]
```

このように行列の形を変更することができます。

3　データ型

NumPy 配列は C 言語で書かれていることから，データ型を保持しています。データ型自体は，以下のように読み取ることができます。

コード2－16 ▶

```
1   a.dtype
```

実行結果

```
dtype('int64')
```

　上記だと int64 というタイプになっていることが確認できました。

　図表2－5に NumPy で利用するデータ型の一部をまとめました。そのほかにも様々な型がありますので，興味のある方は NumPy の公式ドキュメントを参照してください。

図表2－5　NumPy で利用するデータ型

データ型	説　明
int	符号あり整数型
float	浮動小数点型
object	Python オブジェクト型
bool	ブール型

4　random

(1)　乱数の作り方と seed の固定

　NumPy は乱数を作成するライブラリをいくつか備えています。

　たとえば，np.random.rand 関数は，行と列を渡すと，0以上1未満の値をとる乱数の二次元配列を作成できます。

コード2－17

```
np.random.rand(3, 2)
```

実行結果

```
array([[0.95626822, 0.17357426],
       [0.04412379, 0.57788779],
       [0.7353953 , 0.22087257]])
```

　また，上記の関数を複数回実行すると，都度ランダムな数字を返しますが，検証段階などにおいては，同じ乱数が出力されるようにしたいケースなどがあります。その場合は seed（擬似乱数の元となる値）を固定することにより，同じ値を出力することができます。たとえば，会計監査に利用するサンプリングなどで，同じ条件のデータなら同じ結果が返ってくるように，乱数の seed をあらかじめ固定することがあります。

コード 2 − 18　▶

```
1  np.random.seed(2002)
2  np.random.rand(3, 2)
```

実行結果

```
1  array([[0.65451374, 0.29728338],
2         [0.52388708, 0.5144319 ],
3         [0.67416737, 0.10163702]])
```

　上記のように seed を 2002 に固定することで，何回セルを実行しても同じ結果が出力されるようになりました。会計監査において内部統制のサンプルに逸脱が発生した場合などには，サンプルサイズを増やす場合があります。しかし，せっかく抽出したサンプルに対してすでに手続を実施しているのに，それがムダになることは避けたいというケースもあるでしょう。そこで seed を固定することにより，サンプルサイズを増やすケースが出てきた場合にも，既存のサンプルを変えずに出力することができます。

コード 2 − 19　▶

```
1  np.random.seed(2002)
2  np.random.rand(5, 2)
```

実行結果

```
1  array([[0.65451374, 0.29728338],
2         [0.52388708, 0.5144319 ],
3         [0.67416737, 0.10163702],
4         [0.74463003, 0.06117886],
5         [0.04711474, 0.09895012]])
```

　出力された結果を見ると，3行目までの値は，先ほど出力した3行2列の ndarray と変わらないことがわかります。このように seed を固定することによって，再現性を持ったサンプル結果を出力できるのです。また，後述する pandas もサンプリングの機能を備えています。こちらは読み込んだ csv などから任意のサイズのサンプルを抽出することに役に立ちます。

⑵　様々な乱数の種類

　「np.random」は様々な乱数を作成することができます。「np.random. 機能名」と記述することで，様々な機能の乱数を呼び出すことができます（**図表2－6**）。

図表2－6　「np.random」の機能

機　能	意　味	記載方法
rand	一様分布	np.random.rand(d0, d1,…, dn)
random_sample	一様分布。rand との違いは引数のとり方	np.random.random_sample(size)
randint	一様分布で任意の範囲の整数	np.random.randint(low, high, size)
binomial	二項分布の乱数	np.random.binomial(n, p, size)
poisson	ポアソン分布の乱数	np.random.poisson(lam, size)
randn	標準正規分布	np.random.randn(d0, d1,…, dn)
normal	正規分布・任意の平均・標準偏差の乱数	np.random.normal(loc, scale, size)
exponential	指数分布	np.random.exponential(scale, size)
gamma	ガンマ分布	np.random.gamma(shape, scale, size)
beta	ベータ分布	np.random.beta(a, b, size)

　各分布の意味は**第3章**にて解説を行うため，この章では「NumPy では様々な確率分布に従う乱数を生成できる」と覚えておけば十分です。

5 NumPy での計算の実施

(1) 行列の計算

① 行列の足し算

NumPy の足し算は以下のとおり，要素ごとの足し算を実行可能です。

コード 2 − 20 ▶

```
1  array1 = np.array([[1, 2],
2                     [3, 4]])
3  array2 = np.array([[2, 2],
4                     [2, 2]])
5  array1 + array2
```

実行結果

```
1  array([[3, 4],
2         [5, 6]])
```

上記の場合では，array1 の要素にすべての要素が 2 で構成されている array2 を足し算しました。しかし，NumPy ではいちいち配列を作らなくとも，暗黙的に要素の大きさ（行と列のサイズ）を揃えて計算してくれる，ブロードキャストという機能を備えています。ブロードキャストを用いて同じ結果になるか，下のコードを実行して確認してみましょう。

コード 2 − 21 ▶

```
1  array1 + 2
```

実行結果

```
1  array([[3, 4],
2         [5, 6]])
```

このように，2 という数字を 2 × 2 の行列に自動変換し array1 に足し合わせ，結果として**コード 2 − 20** と同じように計算を行ってくれました。ブロードキャストは掛け算や関数の適用など，様々なパターンに適用することが可能で

す。NumPy を触りながら「こういう方法もあるんだ！」と覚えていきましょう。

② 行列の掛け算

行列同士の掛け算には 2 つのパターンがあります。

コード 2 － 22 ▶

```
1  array1 = np.array([[1, 2, 3],
2                     [4, 5, 6],
3                     [7, 8, 9]])
4  array2 = np.array([[3, 2, 1],
5                     [6, 5, 4],
6                     [9, 8, 7]])
```

要素同士の掛け算は，以下のように記載します。

コード 2 － 23 ▶

```
1  array1 * array2
```

▶ 実行結果

```
1  array([[ 3,  4,  3],
2         [24, 25, 24],
3         [63, 64, 63]])
```

そうすると，要素同士の積が出力されます。数学を学んだことのある方は，行列の積の計算とは異なる結果になると違和感があるかもしれません。ご安心ください。行列の積の計算ももちろん可能です。

行列の積を計算したい場合は，dot 関数を使います。

コード 2 － 24 ▶

```
1  np.dot(array1, array2)
```

▶ 実行結果

```
1  array([[ 42,  36,  30],
2         [ 96,  81,  66],
3         [150, 126, 102]])
```

そうすると行列の積が計算されました。

⑵　様々な要素の行列の作成

ほかにも NumPy では様々な行列を作成することができます。**図表2－7**に簡単にまとめていますので，参考にしてください。それぞれの行列の意味などについては，参考文献などを適宜ご覧ください。

図表2－7　NumPy で作成できる様々な行列

機　能	意　味	記載方法
eye	単位行列	np.eye(3)
zeros	ゼロ行列	np.zeros((2,2))
tri	三角行列	np.tri(3)
ones	要素がすべて1の行列	np.ones(2,2)
inv	引数の行列の逆行列	np.linalg.inv(array)
転置行列	行列の行成分と列成分を入れ替えたもの	array.T

（注）array はすでに作成済みの np.array を示す

Ⅵ　pandas入門

pandas とは主にデータ操作を行うためのライブラリであり，csv などのテーブル状のデータ加工を高速に行うためのものです。こちらを活用してデータ加工を行ったり，機械学習のための下準備を行うことができます。

1　pandas の目的とデータ

pandas は NumPy の高性能な配列計算機能のほか，スプレッドシートやリレーショナルデータベースのデータを，SQL（データベースのデータを管理・分析するための言語）のように柔軟に操作することが可能です。pandas はテーブル形式のデータや不均一なデータを取り扱うために設計されていることが特徴であり，データの前処理に関して非常に優秀な機能を有しています。データの前処理とは，データ分析を行うためにデータを整形することであり，大きく以下の2つの種類に分類されます。

- データ構造を対象とした前処理
- データ内容を対象とした前処理

データ構造を対象とした前処理は，複数行にまたがったデータ全体に及ぶ処理です。特定のデータを抜き出す抽出処理や，データ同士の結合や集約といった処理が当てはまります。データ内容を対象とした前処理は，行ごとのデータ値に応じた処理になります。こちらは日付データを曜日データに変換する・数値の列を組み合わせる・文字列をカテゴリやダミーに分類するなどが当てはまります。

分析内容やデータの品質により順番が前後したり代わるケースもありますが，前処理の順番は大まかに**図表 2 − 8** の流れになります。

図表 2 − 8　データの前処理の流れ

作業の手順	利用する目的	使用する関数の例
データの読み込み	元データを Series（後述）または DataFrame（後述）に変換する	read_csv, read_excel
データの抽出	扱うデータを小さくしたり，条件を絞り込んだり，抽出を行う	loc, drop, query, isin, sample
データの結合	テーブル同士の結合により分析をしやすくする	concat, merge
データの集約	データを分析単位ごとに変更したり，必要な切り口に変換する	agg, groupby, pivot_table, rank
データの変換	データ内容を変換することで，データ分析の精度を上げたりモデルの構築に役立つ	replace, fillna, to_datetime, get_dummies, isnull, dropna

2　pandas を用いるための下準備

pandas を利用するためには，以下のように pandas をインポートする必要があります。Google Colab を利用する場合はすでに pandas がインストールされているため，以下のコマンドを実行するのみで pandas を利用することができます。また，pandas を利用しているうちに NumPy の関数も利用するケースがあるので，NumPy とセットで呼び出すとよいでしょう。

```
1  import pandas as pd
2  import numpy as np
```

　以下のコードはすべて NumPy と pandas をインポートしている前提で進みますので，必ずインポートしてから始めましょう。

3　データの読み込み

(1)　Series と DataFrame

　Series と DataFrame は，pandas のデータ構造の種類を指します。どちらも共通項として，それぞれのデータに関連づけられた，インデックスというデータラベルの配列が含まれます。両者はデータ構造が異なり，Series は，一次元のデータ構造，DataFrame は二次元のデータ構造になります。

　DataFrame ではスプレッドシートや SQL テーブルのようなデータ形式であり，多くの場合はそれらのデータを pandas を用いて読み込み，DataFrame に変換して作業をすることになるでしょう。しかし，DataFrame は多数の Series のインデックスを全体で共有しているようなイメージであるため，セットとして覚えておくとよいでしょう。

(2)　配列等の読み込み

　pandas においては，以下のような形でデータを読み込みます。読み込んだデータは以下のように出力されます。一番左の列がインデックスです。

コード 2 − 25　　▶

```
1  s = pd.Series([1, 3, 5, np.nan, 6, 8])
2  s
```

実行結果

```
1  0    1.0
2  1    3.0
3  2    5.0
4  3    NaN
5  4    6.0
6  5    8.0
```

```
7 | dtype: float64
```

　二次元配列を読み込む際には，DataFrame のライブラリを活用します。

コード2－26　⏵

```
1 df = pd.DataFrame([[1, 2, 3],[4, 5, 6]])
2 df
```

実行結果

```
1     0 1 2
2 0 1 2 3
3 1 4 5 6
```

　上記のように DataFrame 形式だと，二次元配列のようにデータが読み取れ
ます。先頭行はヘッダー行，一番左の列はインデックスとなります。ヘッダー
とインデックスを指定したい場合は，以下のように読み込みます。

コード2－27　⏵

```
1 df = pd.DataFrame([[1, 2, 3],[4, 5, 6]],
2                   columns = ['A','B','C'],
3                   index = ['one', 'two'])
4 df
```

実行結果

```
1     A B C
2 one 1 2 3
3 two 4 5 6
```

　ヘッダーとインデックスが，指定した形で出力されました。

(3)　外部データの読み込み

　実際にデータを読み込むイメージが湧いてきたのではないでしょうか。ただ，
この段階では pandas の本領発揮とはいえません。pandas では csv や Excel と

いったデータも読み込むことができます。それを用いることでスプレッドシートのような二次元配列のデータを読み込むことができます。

試しに uriage_data.csv というデータを pandas で読み込んでみましょう。

データのダウンロードは「はじめに」の「サンプルコードを実行する時の手順」をご覧ください。ダウンロードしたファイルの中にサンプルデータも入っています（「サンプルコード一覧」の中の「chapter_02.ipynb」ファイルを Google Colaboratory で開けば，本章のすべてのコードを実行できます）。以下は，マイドライブに「サンプルコード一覧」ファイルをアップロードしたという前提で，各コードの入力・出力を解説します。

まずは，Google Drive（マイドライブ）に保存したデータを読み込むための準備を行います（サンプルコードでは冒頭で入力しています）。

```
1  #データの読み込みのための下準備（Google Driveへのログイン）
2  from google.colab import drive
3  drive.mount("/content/drive")
4
5  #ファイルを保存したディレクトリを指定
6  %cd /content/drive/MyDrive/サンプルコード一覧/data/sec2
```

コード 2 － 28 ▶

```
1  df = pd.read_csv('uriage_data.csv')
2  df.head()  #かっこ内に表示する行数分の値を入力（省略すると5行分表示）
```

➡ 実行結果

	店舗名	日付	売上金額
0	東京駅	2018-01-01	0
1	東京駅	2018-01-02	0
2	東京駅	2018-01-03	0
3	東京駅	2018-01-04	0
4	東京駅	2018-01-05	0

そうすると，csv データを読み込んだ形でデータが出力されることでしょう。それでは，同様に以下のデータも読み込んでみましょう。

コード 2 − 29　▶

```
1  df = pd.read_csv('weather_data.csv')
2  df.head()
```

実行結果

```
--------------------------------------------------------------------------
UnicodeDecodeError                          Traceback (most recent call last)
<ipython-input-9-4003623a7540> in <module>
      1 # encoding指定なしで読み込み
----> 2 df = pd.read_csv('weather_data.csv')
      3 df.head()
```

　csv データを読み込んだ結果，文字化けのエラー（UnicodeDecodeError）を起こすことがありますが，この原因は文字コードにあります。文字コードとは，コンピュータ上で文字を利用する目的で各文字に割り当てられるバイト表現のことをいいます。pandas におけるデフォルトの文字コードは UTF-8 という形式ですが，日本語の場合だと shift_jis 形式でデータが作成されている場合があります。shift_jis 等の文字コードが異なるデータを読み込む際には，引数に「encoding= 文字コード」と加えてあげましょう。

コード 2 − 30　▶

```
1  df = pd.read_csv('weather_data.csv', encoding='shift_jis')
2  df.head()
```

実行結果

NaN	東京	東京	東京	東京	東京	東京	東京	東京	東京	東京	東京	東京
年月日	平均気温(℃)	平均気温(℃)	平均気温(℃)	最高気温(℃)	最高気温(℃)	最高気温(℃)	最低気温(℃)	最低気温(℃)	最低気温(℃)	天気概況(昼：06時～18時)	天気概況(昼：06時～18時)	天気概況(昼：06時～18時)
NaN	NaN	NaN	NaN	NaN	NaN	NaN	NaN	NaN	NaN	NaN	NaN	NaN
NaN	NaN	品質情報	均質番号	NaN	品質情報	均質番号	NaN	品質情報	均質番号	NaN	品質情報	均質番号
2018/1/1	6.2	8	1	13.0	8	1	0.4	8	1	晴	8	1

　そうすると文字化けせずにデータが読み込めたかと思います。なお，このデータはヘッダー部分が複数行にまたがっているなど，データ分析には便利な形式ではありません。そこで，ヘッダーを指定した読み込みをしてみましょう。

　ヘッダー行を指定する場合は，header にヘッダー番号を指定すると，指定行をヘッダーとして読み込むことができます。

コード 2 - 31 ▶

```
1  df = pd.read_csv('weather_data.csv', encoding='shift_jis', header=1)
2  df.head()
```

実行結果

	Unnamed: 0	東京	東京.1	東京.2	東京.3	東京.4	東京.5	東京.6	東京.7	東京.8	…
0	年月日	平均気温 (℃)	平均気温 (℃)	平均気温 (℃)	最高気温 (℃)	最高気温 (℃)	最高気温 (℃)	最低気温 (℃)	最低気温 (℃)	最低気温 (℃)	…
1	NaN	NaN	NaN	NaN	NaN	NaN	NaN	NaN	NaN	NaN	…
2	NaN	NaN	品質情報	均質番号	NaN	品質情報	均質番号	NaN	品質情報	均質番号	…
3	2018/1/1	6.2	8	1	13.0	8	1	0.4	8	1	…
4	2018/1/2	6.1	8	1	10.8	8	1	0.8	8	1	…

5 rows × 32 columns

　そうすると，ヘッダー行が1行目の東京という値になりましたね。

　また，csv の読み込みの際に，読み込みたくない行を読まないという方法があります。weather_data.csv を Excel などで開いてみると，1行目と2行目の部分が邪魔で，きちんとテーブル形式になっていないことがわかります。飛ばしたい行がある場合は，skiprows= という引数を用いて読み込む行をスキップすることができます。

コード 2 - 32 ▶

```
1  df = pd.read_csv('weather_data.csv', encoding='shift_jis', skiprows=5)
2  df.head()
```

実行結果

	Unnamed:0	Unnamed:1	品質情報	均質番号	Unnamed:4	品質情報.1	均質番号.1	Unnamed:7	品質情報.2	均質番号.2	
0	2018/1/1	6.2	8	1	13.0	8	1	0.4	8	1	...
1	2018/1/2	6.1	8	1	10.8	8	1	0.8	8	1	...
2	2018/1/3	4.9	8	1	8.6	8	1	2.3	8	1	...
3	2018/1/4	4.7	8	1	9.6	8	1	0.0	8	1	...
4	2018/1/5	3.7	8	1	6.3	8	1	0.8	8	1	...

5 rows × 32 columns

　そうすると，品質情報と均質番号が入力されている6行目がヘッダーとして読み込まれました。

　また，ヘッダー行をなくしたい場合は，header に None と指定して読み込むことができます。

コード2-33

```
df = pd.read_csv('weather_data.csv',
                encoding='shift_jis', skiprows=1, header=None)
df.head()
```

実行結果

	0	1	2	3	4		27	28	29	30	31
0	NaN	東京	東京	東京	東京		東京	東京	東京	東京	東京
1	年月日	平均気温(℃)	平均気温(℃)	平均気温(℃)	最高気温(℃)		最大風速(m/s)	最大風速(m/s)	最大風速(m/s)	最大風速(m/s)	最大風速(m/s)
2	NaN	NaN	NaN	NaN	NaN		NaN	NaN	風向	風向	NaN
3	NaN	NaN	品質情報	均質番号	NaN		NaN	品質情報	NaN	品質情報	均質番号
4	2018/1/1	6.2	8	1	13.0		5.5	8	北西	8	1

5 rows × 32 columns

　上記の関数は，2行スキップした上で（引数は0からはじまるため，1と指定すると2行スキップされる），ヘッダーを無視する形で読み込みます。そうすると，ヘッダーに0から31番まで連番が振られました。このような形で，csv を読み込むだけでも様々な手段があります。すべてをこの本で網羅することは困難なので，適宜公式リファレンスなどを参考にしながら実行してください。

また，Excel を読み込む際には以下のように記述します。

コード 2 － 34 ▶

```
1  df = pd.read_excel('sample.xlsx')
2  df.head()
```

▶実行結果

	店舗名	日付	売上金額
0	東京駅	2018-01-01	0
1	東京駅	2018-01-02	0
2	東京駅	2018-01-03	0
3	東京駅	2018-01-04	0
4	東京駅	2018-01-05	0

csv や Excel のほかにも JSON や tsv といった様々なフォーマットを読み込むことができます。

4　データの抽出

pandas を用いてとてもよく使う方法として，データの中から必要な行及び列だけを抜き出すことがあります。分析に利用しないデータを保持していても分析の邪魔になったり，処理が重くなる可能性があるため，分析の初期段階で抜き出すことがオススメです。

5　列の抽出

分析においてすべての列を利用することは稀であり，使わないデータを保持してもデータ分析の邪魔になってしまうため，データをあらかじめ削除することも多いです。ここでは，データの抽出の練習をしてみましょう。

コード2-35 ▶

```
1  # データの読み込み
2  takoyaki_data = pd.read_csv('takoyaki_data.csv')
3  takoyaki_data.head()
```

実行結果

	ID	sunny	cloudy	rainy	weather	single	couple	family	customer_class
0	1	1	0	0	sunny	1	0	0	singl
1	2	1	0	0	sunny	1	0	0	sing
2	3	1	0	0	sunny	0	0	1	famil
3	4	1	0	0	sunny	0	1	0	couple
4	5	1	0	0	sunny	1	0	0	sing

len関数を用いて，データの列数を見てみましょう

コード2-36 ▶

```
1  len(takoyaki_data.columns)
```

実行結果

```
1  18
```

　すなわち，このデータには18列のデータがあります。これらをすべて分析に使う必要がないため，列の削除をしてみましょう。

(1)　Data Frameの文字列を指定する方法

　たとえば，'sales_takoyaki'，'sales_negi'，'sales'の3つの列のみを分析に利用したい場合，以下のような形で抽出することができます。

コード 2 － 37　　　▶

```
1   takoyaki_data[['sales_takoyaki', 'sales_negi', 'sales']]
```

▶ 実行結果

	sales_takoyaki	sales_negi	sales
0	0	600	600
1	500	1200	1700
2	500	0	500
3	500	0	500
4	0	600	600
...	...	...	...
1795	1000	0	1000
1796	500	0	500
1797	500	600	1100
1798	500	0	500
1799	500	600	1100

1800 rows × 3 columns

　必要な列が何かわかっている場合は，このようなやり方で抽出をすることが
シンプルです。

(2) loc 関数を使う方法
　また，(1)のように必要な列のみを抽出するために，loc 関数も利用できます。

コード 2 － 38　　　▶

```
1   takoyaki_data.loc[:, ['sales_takoyaki', 'sales_negi', 'sales']]
```

▶ 実行結果

コード 2 －37と同じ

(3)　drop 関数を使う方法

(1)および(2)とは異なり，除外したい列が明らかな場合は，drop 関数を使うと便利です。

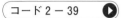
コード 2 - 39

```
1  # 落としたい列がわかっている場合
2  takoyaki_data.drop(['weather', 'customer_class'], axis=1)
```

実行結果

	ID	sunny	cloudy	rainy	single	couple	family	customer_code	
0	1	1	0	0	1	0	0	1	
1	2	1	0	0	1	0	0	1	
2	3	1	0	0	0	0	1	3	
3	4	1	0	0	0	1	0	2	
4	5	1	0	0	1	0	0	1	
...	...	...	...	...	...	...	...	...	
1795	1796	0	0	1	0	1	0	2	
1796	1797	0	0	1	0	0	0	1	
1797	1798	0	0	1	1	0	0	1	
1798	1799	0	0	1	1	0	0	1	
1799	1800	0	0	1	1	0	0	1	

1800 rows × 16 columns

　列を落としたい場合は，drop 関数を使います。drop 関数の場合は axis で行か列かを指定することができます。今回は列を落としたいので，axis=1 と指定します。なお，行を落としたい場合には，axis=0 と指定します。

6　行の抽出

　上記 5 では列を抽出しましたが，逆に行を抽出することも可能です。行を抽出する目的はデータ量を削減すること，絞り込むことなどです。そうすることで，後工程に用いるデータ量を削減することができ，計算量を抑えたりすることが可能です。

(1)　条件で抽出する方法

まずは特定の値である行のみを抜き出す方法は，以下のようになります。

コード 2 − 40　▶

```
1  # 条件で抽出する方法
2  takoyaki_data[takoyaki_data['customer_class']=='couple']
```

実行結果

	ID	sunny	cloudy	rainy	weather	single	couple	family	customer_class
3	4	1	0	0	sunny	0	1	0	couple
5	6	1	0	0	sunny	0	1	0	couple
8	9	1	0	0	sunny	0	1	0	couple
10	11	1	0	0	sunny	0	1	0	couple
12	13	1	0	0	sunny	0	1	0	couple
...	...	...	...	...	...	...	...	...	...
1722	1723	0	0	1	rainy	0	1	0	couple
1725	1726	0	0	1	rainy	0	1	0	couple
1774	1775	0	0	1	rainy	0	1	0	couple
1777	1778	0	0	1	rainy	0	1	0	couple
1795	1796	0	0	1	rainy	0	1	0	couple

422 rows × 18 columns

　こうすると，customer_class が couple にある行のみを抽出することができました。

(2)　query 関数による出力

　query 関数を利用すると，条件式を文字列で書くことによって，条件に合ったデータを抽出できます。条件を and でつなげたいときは & を使い，or でつなげたいときは | を使います。また，@hoge のように後で参照したい変数名を使うこともできます。

コード 2 − 41 ▶

```python
1  # sales_takoyakiが1000円以上の場合のみ出力する（特定の値以上のものを抜
     き出す場合）⇒実行結果の上の画像
2  takoyaki_data.query("sales_takoyaki >= 1000")
3  # 天気が晴れの場合のみ出力する（文字列を抽出する場合）⇒実行結果の下の画像
4  takoyaki_data.query("weather == 'sunny'")
```

実行結果

[2行目の出力]

	ID	sunny	cloudy	rainy	weather	single	sales_takoyaki	sales_negi	sales
5	6	1	0	0	sunny	0	1000	0	1000
13	14	1	0	0	sunny	0	1000	600	1600
14	15	1	0	0	sunny	0	1000	600	1600
19	20	1	0	0	sunny	0	1000	600	1600
21	22	1	0	0	sunny	0	1000	600	1600
...	...	...	...	...	...	...	...	...	...
1777	1778	0	0	1	rainy	0	1000	0	1000
1790	1791	0	0	1	rainy	0	1000	600	1600
1792	1793	0	0	1	rainy	0	1000	600	1600
1794	1795	0	0	1	rainy	0	1000	600	1600
1795	1796	0	0	1	rainy	0	1000	0	1000

241 rows × 18 columns

[4行目の出力]

	ID	sunny	cloudy	rainy	weather	single	couple	family	customer_class
0	1	1	0	0	sunny	1	0	0	single
1	2	1	0	0	sunny	1	0	0	single
2	3	1	0	0	sunny	0	0	1	familiy
3	4	1	0	0	sunny	0	1	0	couple
4	5	1	0	0	sunny	1	0	0	single
...	...	...	...	...	...	...	...	...	...
995	996	1	0	0	sunny	1	0	0	single
996	997	1	0	0	sunny	1	0	0	single
997	998	1	0	0	sunny	1	0	0	single
998	999	1	0	0	sunny	0	0	1	familiy
999	1000	1	0	0	sunny	0	1	0	couple

1000 rows × 18 columns

　文字列で抽出したい場合は，抽出条件の文字列をクォーテーションで囲う必要があります。今回の場合はダブルクォーテーションで引数全体を囲んでいますが，sunny という単語はシングルクォーテーションで囲っています。

　また複数条件で抽出することもできます。

コード 2 − 42　　▶

```
1  # query関数を使って複数条件で抽出する方法
2  takoyaki_data.query("weather == 'sunny' & sales_negi > 1000")
```

実行結果

	ID	sunny	cloudy	rainy	weather	sales_negi	sales	cash	receivable
1	2	1	0	0	sunny	1200	1700	1	0
35	36	1	0	0	sunny	1200	1700	1	0
51	52	1	0	0	sunny	1200	1700	1	0
56	57	1	0	0	sunny	1200	1700	0	1
63	64	1	0	0	sunny	1200	1700	0	1
...	...	...	...	...		...	...	...	...
975	976	1	0	0	sunny	1200	1700	1	0
978	979	1	0	0	sunny	1200	1700	0	1
985	986	1	0	0	sunny	1200	1700	0	1
991	992	1	0	0	sunny	1200	1700	1	0
997	998	1	0	0	sunny	1200	1700	0	1

113 rows × 18 columns

(3)　drop 関数による出力

　列を削除するのみならず，行を削除することにも drop 関数は活用できます。drop 関数ではインデックスを指定して削除を行うことができます。

コード 2 − 43　　▶

```
1  takoyaki_data.drop(takoyaki_data[takoyaki_data['weather']=='sunny']
                       .index)
```

実行結果

	ID	sunny	cloudy	rainy	weather	single	couple	family	customer_class
1000	1001	0	1	0	cloudy	1	0	0	single
1001	1002	0	1	0	cloudy	1	0	0	single
1002	1003	0	1	0	cloudy	0	0	1	familiy
1003	1004	0	1	0	cloudy	0	1	0	couple
1004	1005	0	1	0	cloudy	0	1	0	couple
...	...	...	...	...	...	...	...	...	...
1795	1796	0	0	1	rainy	0	1	0	couple
1796	1797	0	0	1	rainy	1	0	0	single
1797	1798	0	0	1	rainy	1	0	0	single
1798	1799	0	0	1	rainy	1	0	0	single
1799	1800	0	0	1	rainy	1	0	0	single

800 rows × 18 columns

コードの [takoyaki_data[takoyaki_data['weather']=='sunny'].index の部分で，weather 列が sunny に該当する部分行のインデックスを抽出し，それを drop 関数の引数に適用しています。上記のようにインデックスを指定しなくてもよい場合なら，query 関数の記載のほうが簡単であるため，インデックスを指定して落としたい場合などに活用することをオススメします。

(4) isin による出力

isin 関数では，引数で渡したリスト内の値のいずれかと一致する行のみを抽出することができます。

コード 2 − 44 ▶

```
1  # isin関数を用いる場合
2  weather_list = pd.Series(['cloudy','rainy'])
3  takoyaki_data[takoyaki_data['weather'].isin(weather_list)]
```

実行結果

コード 2 −43の出力結果と同じ

　上記を実行すると weather 列に cloudy, rainy が記載されている行のみが抽出されます。

(5)　サンプリングによる出力

　pandas でサンプリングを行うためには，sample 関数を使います。この場合，引数に frac を指定すると，母集団から任意の割合だけのサンプルを抽出できます。以下のコードを実行すると，1,800 件中 900 件のデータが抽出されます。

コード 2 － 45　　▶

```
1  # サンプリング
2  takoyaki_data.sample(frac=0.5)
```

実行結果

	ID	sunny	cloudy	rainy	weather	single	couple	family	customer_class
1345	1346	0	1	0	cloudy	1	0	0	single
1767	1768	0	0	1	rainy	0	0	1	familiy
796	797	1	0	0	sunny	1	0	0	single
749	750	1	0	0	sunny	0	0	1	familiy
744	745	1	0	0	sunny	1	0	0	single
...	...	...	...	...	...	...	...	...	...
199	200	1	0	0	sunny	1	0	0	single
1141	1142	0	1	0	cloudy	0	0	1	familiy
1333	1334	0	1	0	cloudy	1	0	0	single
1390	1391	0	1	0	cloudy	0	1	0	couple
973	974	1	0	0	sunny	1	0	0	single

900 rows × 18 columns

　また，サンプルサイズを指定して抽出したい場合は，以下のように引数を指定します。

コード 2 － 46　　▶

```
1  # サンプルサイズ100件を抽出する場合
2  takoyaki_data.sample(n=100)
```

実行結果

	ID	sunny	cloudy	rainy	weather	single	couple	family	customer_class
17	18	1	0	0	sunny	1	0	0	single
1057	1058	0	1	0	cloudy	1	0	0	single
1674	1675	0	1	0	cloudy	0	1	0	couple
306	307	1	0	0	sunny	0	1	0	couple
438	439	1	0	0	sunny	1	0	0	single
...	...	...	...	...	...	...	...	...	...
1403	1404	0	1	0	cloudy	1	0	0	single
66	67	1	0	0	sunny	0	1	0	couple
848	849	1	0	0	sunny	0	0	1	familiy
963	964	1	0	0	sunny	1	0	0	single
1774	1775	0	0	1	rainy	0	1	0	couple

100 rows × 18 columns

　sample 関数はランダムに抽出したい場合に利用できるため，ランダムサンプリングなどに活用することができます。

7　データを結合

(1) append 関数
　append 関数の場合は，1つの配列の末尾に要素を追加するために利用します。

コード2－47

```
1  # 売上データの読み込み
2  uriage_2018 = pd.read_csv('uriage_data_2018.csv')
3  uriage_2019 = pd.read_csv('uriage_data_2019.csv')
4
5  # 売上データの結合
6  uriage_data= uriage_2018.append(uriage_2019, ignore_index=True)
7
8  len(uriage_2018) #出力結果は1825
9
10 len(uriage_2019) #出力結果は1825
11
12 len(uriage_data) #出力結果は3650
```

(2)　concat 関数

concat 関数では，DataFrame 同士の結合であることは append 関数と同様ですが，concat 関数ではリストを用いて DataFrame 同士を結合します。

コード 2 － 48　▶

```
1   # 売上データの読み込み
2   uriage_2018 = pd.read_csv('uriage_data_2018.csv')
3   uriage_2019 = pd.read_csv('uriage_data_2019.csv')
4
5   # 売上データの結合
6   uriage_data= pd.concat([uriage_2018, uriage_2019], axis=0)
7
8   len(uriage_2018) #出力結果は1825
9
10  len(uriage_2019) #出力結果は1825
11
12  len(uriage_data) #出力結果は3650
```

append 関数の場合だと DataFrame 内でデータを一度複製し処理するというプロセスになるため，速度が遅くなるケースがあります。また，append 関数は pandas 公式も利用非推奨としており，将来のバージョンで pandas から削除される予定です。そのため，データの結合にはなるべく concat 関数を利用することをオススメします。

(3)　merge 関数の使い方

merge ライブラリは id を用いてデータを結合するために利用します。こちらは複数の DataFrame 同士を 1 つ以上のキーに基づいて連結します。

以下のコードでは，売上データと天気データの結合を実施します。今回はその結合キーとして日付・年月日列を利用しています。実務上はマスタテーブルとレコードテーブルの結合を，顧客マスタ ID などの共通キーを用いて結合することなどが行われます。

今回は uriage_data.csv と weather_data_cleaned.csv を日付で結合してみます。

コード 2 − 49　

```
1   # データの読み込み
2   uriage_data = pd.read_csv('uriage_data.csv')
3
4   weather_clean_data = pd.read_csv('weather_data_cleaned.csv')
5
6   # 結合の実施
7   merge_data = pd.merge(uriage_data, weather_clean_data, how='left',
                          left_on='日付', right_on='年月日')
8   merge_data.head()
```

実行結果

	店舗名	日付	売上金額	年月日	東京_平均気温(℃)	東京_最高気温(℃)	東京_最低気温(℃)	東京_降水量の合計(mm)
0	東京駅	2018-01-01	0	2018-01-01	6.2	13.0	0.4	0.0
1	東京駅	2018-01-02	0	2018-01-02	6.1	10.8	0.8	0.0
2	東京駅	2018-01-03	0	2018-01-03	4.9	8.6	2.3	0.0
3	東京駅	2018-01-04	0	2018-01-04	4.7	9.6	0.0	0.0
4	東京駅	2018-01-05	0	2018-01-05	3.7	6.3	0.8	0.0

　そうすると，両者が列で結合されたデータが作成されました。今回の場合，レフトジョインで，それぞれの結合キーを left_on および right_on で指定しています。その結果，それぞれのキーが一致する部分で結合がされています。なお，結合方法（how）には，inner, right, left, outer の 4 つがよく使われます（**図表 2 − 9**）。

図表2−9　merge関数における結合方法

結合方法	タイプ	説　明
inner	uriage_data 日付ラベル / weather_clean_data 年月日ラベル	共有する部分のみを結合
outer	uriage_data 日付ラベル / weather_clean_data 年月日ラベル	すべて結合
right	uriage_data 日付ラベル / weather_clean_data 年月日ラベル	右 (weather_ clean_data) のデータのみ
left	uriage_data 日付ラベル / weather_clean_data 年月日ラベル	左 (uriage_data) のデータのみ

8　データを集約

(1)　ピボットテーブルによる集約

　pandas においても Excel と同様，データを集約する方法として，ピボットテーブルが使えます。たとえば，売上データを年月ごとに集計してピボットテーブルを作りたいときは，以下のようにコードを書けば出力されます。なお，to_datetime 関数等については，後述の「日付の変換」を参照してください。

コード 2 - 50　▶

```
1  # 日付データを時系列形式に変換し，年月セルを作る
2  uriage_data = pd.read_csv('uriage_data.csv')
3  uriage_data['日付'] = pd.to_datetime(uriage_data['日付'])
4  uriage_data['年月'] = uriage_data['日付'].dt.strftime('%y-%m')
5
6  # ピボットテーブルで店舗ごとにクロス集計
7  uriage_data.pivot_table(index='年月', columns='店舗名',
                           values='売上金額', aggfunc='sum')
```

実行結果

店舗名	吉祥寺	新橋	東京駅	秋葉原	葛西
年月					
18-01	3266807	5187171	4718707	3372774	2246771
18-02	3106145	5145976	4849588	3374797	2184510
18-03	4987657	8405806	7522410	5410578	3348851
18-04	5526967	9073424	7907566	5961000	3608928
19-07	3237258	5319861	4608690	3624817	2264124
19-08	2736783	4472256	4014258	2910096	1804987
19-09	3704765	5941420	5358160	4005733	2450230
19-10	4640717	7510337	6508196	4821000	2931396
19-11	3765615	6115492	5269673	4023993	2530803
19-12	6351305	10305594	9447572	6885904	4525254

　pivot_table 関数は，集約処理と横持ち処理が同時にできる便利な関数です。Excel を普段から利用している人にとっても馴染みがあるため，オススメです。

(2)　groupby 関数による集約

　集約を行う際に便利な関数として，groupby が挙げられます。groupby は引数に集約単位を設定し，その後に集約関数を呼び出すことで実現できます。たとえば，店舗名ごとの売上金額を集計したい場合は以下のように書きます。

コード 2 − 51　▶

```
1  uriage_data.groupby('店舗名').sum('売上金額')
```

⮕ 実行結果

	売上金額
店舗名	
吉祥寺	96618754
新橋	157063886
東京駅	138720727
秋葉原	102436187
葛西	64466364

　また，groupby の後に agg 関数を利用することで，集約処理をまとめて指定することができます。たとえば，店舗名ごとに以下のような形で複数の集約処理を行うことができます。

コード 2 − 52　▶

```
1  # agg関数による集計
2  uriage_data.groupby('店舗名').agg({'売上金額':['count', 'max', 'min',
                                    'mean', 'median', 'var', 'std']})
```

実行結果

	売上金額						
	count	max	min	mean	median	var	std
店舗							
吉祥寺	730	391675	0	132354.457534	152569.5	9.915093e+09	99574.562476
新橋	730	620334	0	215156.008219	250382.5	2.577247e+10	160538.056126
東京駅	730	593899	0	190028.393151	217640.5	2.092771e+10	144664.112164
秋葉原	730	425644	0	140323.543836	160300.5	1.128006e+10	106207.650169
葛西	730	292893	0	88310.087671	98512.0	4.694698e+09	68517.868558

9　データの内容を変更

(1)　数字型の変換

Python では数値型として int 型や float 型が提供されています。int が整数型で，float が浮動小数点型です。int や float の後ろにはビット数をつけることもできます。これらの変換は astype を用いることで簡単に実施することができます。

コード 2 − 53 ▶

```
1   # データ型の確認
2   uriage_data = pd.read_csv('uriage_data.csv')
3   uriage_data.dtypes
4
5   # 売上金額を整数型に変換する
6   uriage_data['売上金額'].astype('int8')
7   uriage_data['売上金額'].astype('int16')
8   uriage_data['売上金額'].astype('int32')
9   uriage_data['売上金額'].astype('int64')
10
11  # 売上金額を浮動小数点型に変換する
12  uriage_data['売上金額'].astype('float16')
13  uriage_data['売上金額'].astype('float32')
14  uriage_data['売上金額'].astype('float64')
15  uriage_data['売上金額'].astype('float128')
16
17  # オブジェクト型に変換
18  uriage_data['売上金額'].astype('object')
```

```
19
20  # python型に変換するとき
21  uriage_data['売上金額'].astype(int)
22  uriage_data['売上金額'].astype(float)
```

(2) replace による置換

以下では，replace 関数で，文字列から数値への置換を行います。

コード 2 － 54　▶

```
1  # 数字の変換
2  receivable_data = pd.read_csv('sample-receivable.csv',
                                 names=['company_name', 'amount'])
3  receivable_data.dtypes
```

⬅ 実行結果

```
1  company_name      object
2  amount            object
3  dtype: object
```

```
1  # 数字までobject型になっているので，カンマを抜いてint型に変換している
2  receivable_data['amount'] = receivable_data['amount'].str.replace(',',
                                                      '').astype('int')
3  receivable_data.dtypes
```

⬅ 実行結果

```
1  company_name      object
2  amount            int64
3  dtype: object
```

　前段の部分では，amount が object という文字列形式になっています。これを replace を使ってカンマを除外した上で，文字列から数字にデータ形式を変換します。このようにデータを変換することはよくあるので，適宜活用しながら覚えていきましょう。

⑶ null を把握する方法

isnull 関数を利用することで，nan が含まれる列を特定することができます。

コード 2 － 55 ▶

```
1  uriage_nan_data = pd.read_csv('uriage_nan.csv')
2
3  # 欠損値の数を数える
4  print('欠損値の数は')
5  print(uriage_nan_data.isnull().sum())
6
7  # すべての列が欠損値であるかを判断
8  print('すべての列が欠損値であるか')
9  print(uriage_nan_data.isnull().all())
10
11 # 列の中に１つでも欠損値があるかを判断
12 print('列の中に１つでも欠損値があるか')
13 print(uriage_nan_data.isnull().any())
```

実行結果

```
1  欠損値の数は
2  Unnamed: 0      0
3  店舗名           0
4  日付             0
5  売上金額        1100
6  dtype: int64
7  すべての列が欠損値であるか
8  Unnamed: 0  False
9  店舗名        False
10 日付          False
11 売上金額       False
12 dtype: bool
13 列の中に１つでも欠損値があるか
14 Unnamed: 0  False
15 店舗名        False
16 日付          False
17 売上金額        True
18 dtype: bool
```

これらの処理を実行した後に，欠損値をどのように置換するかを検討しましょう。

(4) dropna による置換

dropna 関数を利用することにより，nan を含むレコードを削除することができます。

コード 2 − 56 ▶

```
1  # 欠損値を含むレコードを削除
2  uriage_nan_data.dropna(subset=['売上金額'], inplace=True)
```

また，この際に inplace=True と指定することで，元のデータ（例では uriage_nan_data）に変更（nan を含むレコードを削除）を上書きすることができます。上書きさせない場合は inplace 以下を記載する必要はありません。

(5) fillna による置換

fillna 関数を利用することで，null が含まれる列を特定の値に置き換えることができます。

コード 2 − 57 ▶

```
1  # 欠損値を平均値で補完
2  uriage_nan_data = pd.read_csv('uriage_nan.csv')
3
4  uriage_nan_data.fillna(uriage_data['売上金額'].mean(), inplace=True)
```

また，fillna でも dropna と同様に，inplace=True と指定することで，元のデータを上書きすることができます。

(6) 日付の変換

pandas で日付型に変換する方法は非常にシンプルで，to_datetime 関数を利用するのが一番簡単でしょう。to_datetime 関数では，文字列や数値形式である日付要素を，datetime64[ns] 型に変換することができます。これにより年月日などの要素を取得する・日付同士の加減算を容易にできるメリットがあります。to_datetime 関数において，format を引数で指定することができます。そうすることで，日付を任意の形に変換することができます。

また，to_datetime 関数で変換した数値は，dt オブジェクトを使うことで，

年月日や曜日といった情報も取得することができます。

コード 2 − 58 ▶

```
1  uriage_data = pd.read_csv('uriage_data.csv')
2  # to_datetime関数で日付情報を取得
3  uriage_data['日付'] = pd.to_datetime(uriage_data['日付'],
                                        format='%Y-%m-%d')
4  # 年を取得
5  uriage_data['日付'].dt.year
6  # 月を取得
7  uriage_data['日付'].dt.month
8  # 日を取得
9  uriage_data['日付'].dt.day
10 # 曜日を取得
11 uriage_data['日付'].dt.dayofweek
```

10　pandas の理解をより深めたい方へ

　ここまでのデータで pandas の使い方の基礎を解説しました。pandas の機能は非常に多く，この章で解説できることはごく一部です。pandas をより学びたい人は，他の書籍を参照するのがオススメです。たとえば，ケース別にデータ加工方法を学びたい人は，『前処理大全：データ分析のための SQL/R/Python 実践テクニック』(本橋智光著，株式会社ホクソエム監修，技術評論社，2018 年)を参照するのがよいでしょう。同書は，Python のみならず，R や SQL でのデータ加工手法を記載しており，非常に学びがあります。

　また，pandas の使い方をより詳細に学びたい方は，『Python によるデータ分析入門 第 2 版：NumPy，pandas を使ったデータ処理』(Wes McKinney 著，瀬戸山雅人，小林儀匡，滝口開資訳，オライリー・ジャパン，2018 年) を参照いただくのがオススメです。これと合わせて pandas の公式ドキュメントを読むと，網羅的に機能を学習することができるでしょう。

Ⅶ Matplotlib入門

　データサイエンスを行うにあたり，データの特徴を理解することは必要不可欠です。闇雲にデータをいじるよりも，ある程度データの特徴を捉えた上でモデル構築や分析を行うことで，新たな示唆を得やすくなることは言うまでもないでしょう。データの特徴量を捉えるための手法として，EDA（探索的データ分析）というデータセットを分析・調査して特性を把握するための手法があります。そのための手段の1つとして，データの特徴量を可視化する手法があります。本節で説明する Matplotlib を活用して，データの特徴を理解するための学習をしていきましょう。

1　Matplotlibの概要

　Matplotlib は Python で主に二次元のグラフを描画するためのライブラリです。Jupyter Notebook とも親和性が高く，Notebook 上でコードを実行するとグラフが描画されるため，データの可視化に便利です。

2　Matplotlibの使い方

　Matplotlib を利用する際は，以下のようにライブラリをインポートします。

```
1  import matplotlib.pyplot as plt
```

　Matplotlib は，基本的に以下の3ステップで実行します。
① データを読み込む
② 図形の描画設定をする
③ 図形を出力する
　それでは，まずは pyplot 形式で書いてみましょう。3ステップのコードを記載すると，以下のようになります（Matplotlib の公式ドキュメントを参考に筆者作成）。

(1)　pyplot形式

　pyplot 形式は，plt. 〇〇と記載する方法になります。図形や軸を自動的に作成・管理してくれるため，後述するオブジェクト指向形式よりも気軽に描画す

ることができます。下記のコードを実行すると，出力結果に示すような図形が
出力されます。

コード 2 − 59

```
1   # ライブラリのインポート
2   import numpy as np
3   import pandas as pd
4   import matplotlib.pyplot as plt
5
6   # データを用意する
7   x = np.array([1,2,3,4])
8   y1 = x
9   y2 = x**2
10  y3 = x**3
11
12  # 図形の描画設定をする
13  plt.plot(x, y1, label='linear') # plot図を作成する
14  plt.plot(x, y2, label='quadratic') # plot図を作成する
15  plt.plot(x, y3, label='cubic') # plot図を作成する
16  plt.title('example') # グラフのタイトルを作る
17  plt.xlabel('xlabel') # X軸のラベルを作る
18  plt.ylabel('ylabel') # Y軸のラベルを作る
19  plt.legend() # 凡例を作る
20  # 図形を出力する
21  plt.show()
```

実行結果

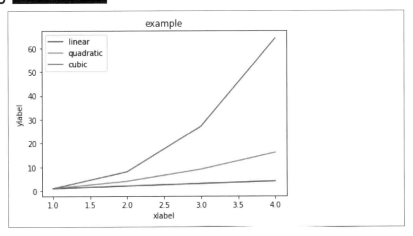

(2) オブジェクト指向形式

　もう1つの書き方にはオブジェクト指向形式があります。オブジェクト指向形式は，図形や軸を明示的に作成し，それらに対するメソッドを呼び出す形式になります。何を操作対象にするのかを明示的に指定する必要などがありますが，細かく調整をしたい場合などは，オブジェクト指向形式を試していくことをオススメします。

　大まかな描画オブジェクトでの書き方は以下のとおりです。

コード2－60

```
1   # subplotの作成をする（1つの図の中にプロットを作成する）
2   fig, ax = plt.subplots()
3
4   # 図表を書く
5   ax.plot([0, 5],[0, 5])
6
7   # タイトル・ラベルをつける
8   fig.suptitle('title')
9   ax.set_xlabel('x')
10  ax.set_ylabel('y')
11
12  # 図を出す
13  plt.show()
```

実行結果

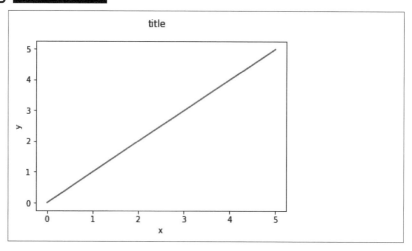

(3)　両者の使い分け

　Matplotlib の記事を検索すると，pyplot 形式とオブジェクト指向の形式が混在しているものがあるなど，両者の使い分けがなされていないものもあります。これらを意識しないで行うと混乱するおそれもありますので，以下のように簡単に整理しておくとよいでしょう。

- 細かい調整が必要なくすぐに可視化したいときは plt 形式
- 人に見せるなど細かく微調整をしたい場合はオブジェクト指向形式

3　様々な図形の書き方

(1)　折れ線グラフ（plot）

　折れ線グラフを描画したいときは，plot メソッドを使います。plot メソッドの引数は x 座標，y 座標を表す配列を渡します。たとえば，以下のように記載することができます。

コード 2 － 61　▶

```
1  x = [1, 2, 3]
2  y1 = [2, 4, 6]
3  y2 = [1, 5, 3]
4  plt.plot(x, y1)
5  plt.plot(x, y2)
6  plt.show()
```

実行結果

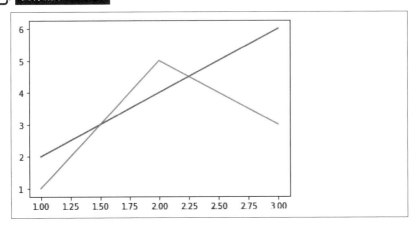

　直線のみならず，曲線なども描画することができます。たとえば，sin と cos のグラフを描画すると以下のようになります。

コード 2 － 62　▶

```
1  x = np.arange(0, 15, 0.1)
2  y1 = np.sin(x)
3  y2 = np.cos(x)
4
5  plt.plot(x, y1, label='sin')
6  plt.plot(x, y2, label='cos')
7  plt.legend()
8
9  plt.show()
```

実行結果

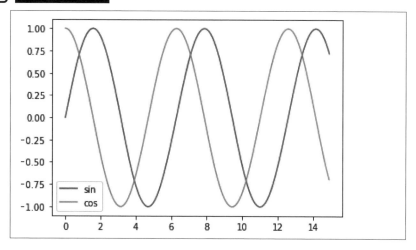

(2)　散布図（scatter）

散布図を作成するためには，scatter メソッドを使います。

コード 2 － 63　▶

```
1  # x軸の座標を決める
2  x = np.random.rand(50)
3  # y軸の座標を決める
4  y1 = np.random.rand(50)
```

```
 5   y2 = np.random.normal(0, 1, 50)
 6
 7   # 散布図を作成する。markerの部分でマーカーの形を変更する
 8   plt.scatter(x, y1, marker='*')
 9   plt.scatter(x, y2, marker='^')
10   plt.show()
```

⇨ 実行結果

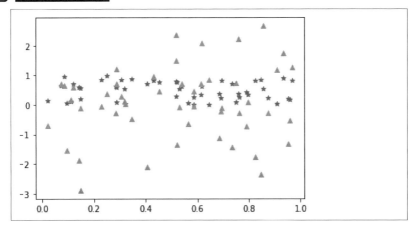

　今回は x と y は双方とも 50 個のデータから構成されています。x と y は同じサイズであることが求められるので，留意が必要です。また，marker のパラメータを指定することにより，出力されるマーカーの形が変わります。

(3)　ヒストグラム（hist）

　ヒストグラムを作成するときは，hist メソッドを使います。今回は正規分布，二項分布，ガンマ分布，ポアソン分布に従うヒストグラムを 2 行 2 列に並べて作成します。そのため，先ほど説明したオブジェクト指向形式でグラフを作成していきます。

コード 2 − 64　▶

```
1   fig, ax = plt.subplots(nrows=2, ncols=2, figsize=(10,8))
2   # nrowsで行数，ncolsで列数，figsizeでサイズを指定する
3
4   x1 = np.random.normal(0, 10, 5000) # 正規分布
```

```
 5  x2 = np.random.binomial(50, 0.2, size=5000) # 二項分布
 6  x3 = np.random.gamma(1, 8, 5000) # ガンマ分布
 7  x4 = np.random.poisson(10, 5000) # ポアソン分布
 8
 9  # グラフのx軸の範囲を示す
10  bins = np.arange(-30, 50)
11
12  # グラフの描画
13  ax[0, 0].hist(x1, bins)
14  ax[0, 0].set_title('Normal distribution')
15
16  ax[0, 1].hist(x2, bins)
17  ax[0, 1].set_title('Binomial distribution')
18
19  ax[1, 0].hist(x3, bins)
20  ax[1, 0].set_title('Gamma distribution')
21
22  ax[1, 1].hist(x4, bins)
23  ax[1, 1].set_title('Poisson distribution')
24
25  plt.show()
```

実行結果

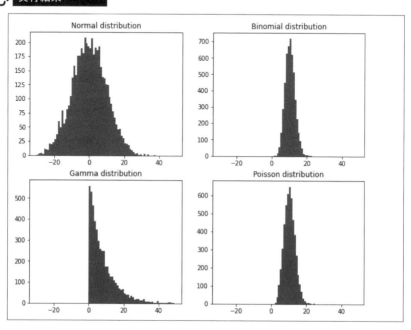

(4) 箱ひげ図（boxplot）

箱ひげ図とは，データの分布を箱とひげで表したもので，データの分布の様子を示すものになります。

箱の下部分は第1四分位数（下から数えて25%），箱の中央の線は第2四分位数（中央値），上部分は第3四分位数（上から数えて25%）を表しています。ひげの下部は，第1四分位数から箱の長さ×1.5倍を引いたもの，ひげの上部は，第3四分位数から箱の長さ×1.5倍を足したものになり，○の部分はひげの範囲から外れた外れ値になります。

箱ひげ図はヒストグラムと同様にデータの分布を表すものになりますが，ヒストグラムのように分布の形まで表すものではありません。そのため，複数のデータを比較したいときは箱ひげ図，単一データにおけるばらつき具合を見たいときはヒストグラムといった使い分けがオススメです。

なお，先ほどのヒストグラムで作った分布を箱ひげ図で表すと以下のとおりになります。ヒストグラムと見比べてみると，理解が深まるでしょう。

コード 2 － 65　▶

```
1  plt.boxplot(x=(x1, x2, x3, x4), labels=['x1', 'x2', 'x3', 'x4'])
2  plt.show()
```

実行結果

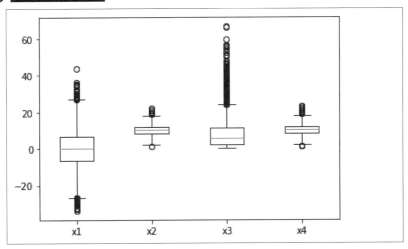

Ⅷ　scikit-learn

　データサイエンスでは機械学習という形で現実世界の問題を扱います。scikit-learn は，Python の機械学習ライブラリの中で最もメジャーなものです。scikit-learn は統一された効率的な API を備えており，それらはいくつかのパターンに従って設計されています。API のデザインパターンを理解することで，どのオブジェクトも容易に活用することができるようになるでしょう。本節でscikit-learn の基本的な使い方を学んで，機械学習モデルの作り方を学習していきましょう。

1　scikit-learn の API

　scikit-learn API は，scikit-learn API の論文 (https://arxiv.org/pdf/1309.0238. pdf) で概説されているように，以下の原則に基づき設計されています。
- 一貫性
- 検査可能性
- 限定されたオブジェクト階層
- 合成
- 適切なデフォルト

API を使用する際の一般的な手順は，以下のとおりです。

①　適切なモデルを選択する
　機械学習を実行するためには，どのモデルを実行するべきか，教師あり学習か教師なし学習かの選定，実施すべき手法は何かなど，様々な事項を検討する必要があります。たとえば，検討の初期段階では，EDA（探索的データ分析）と呼ばれるデータの特性を理解するための分析を行うことが一般的です。そのために，先ほど説明した NumPy，pandas，Matplotlib といったライブラリを利用していきます。EDA の結果を踏まえて，どのモデルを利用するのが合理的かを判断して，モデルを選択します。モデルの選択方法については，scikit-learn のドキュメントを参考にするなどして選択するのがよいでしょう。

② 目的の値でクラスをインスタンス化し，モデルのハイパーパラメータを
選択する

選択したモデルの中から，細かい条件を考える必要があります。モデルを決定した後に細かい調整をすることにより，データセットに対して最適であるようにチューニングを実施します。データ分析コンペにおいてもこのパラメータチューニングが重要になることも多いですが，本章では詳細は割愛します。

③ データを特徴行列と目的配列として配置する

scikit-learn にデータを適用するためには，データを二次元の特徴行列と，一次元の目的配列としてセットする必要があります。特徴行列は説明変数とも呼ばれ，二次元配列（行列）形式でのデータになります。目的配列は目的変数とも呼ばれ，一次元配列（ベクトル）として表示されます。それぞれ数学の慣例にならって，特徴行列は X，目的変数は y と表示することが一般的です。これは，数学では慣例として，二次元配列（行列）であるデータには大文字 X を，一次元配列（ベクトル）であるラベルには小文字である y を用いるためです。

④ fit() メソッドを呼び出し，当てはめを行う

fit() メソッドでは，モデルに依存する計算を内部で実行します。

⑤ モデルに新しいデータを適用する

ここまできたら，作成したモデルを適用したいデータをはめ込みます。教師あり学習では，多くの場合 predict() メソッドを用いて新しいデータのラベルを予測します。それに対して，教師なし学習では，transform() または predict() メソッドを使用してデータのプロパティを変換または予測します。

2　アルゴリズムの選択方法

機械学習の問題を解決する上で，重要なこととしては，その作業に適した推定手法を見つけることが挙げられます。データの種類や解決したい問題によって，適した手法は異なります。**図表 2 − 10 ①**のフローチャートは，scikit-learn のチュートリアルに記載されているモデル選定のためのものです。モデルを選択する際にはこれらを参考にするのが1つの手段になるでしょう。

また，この scikit-learn のドキュメントは英語で作成されているため，翻訳

したフローチャート（**図表2－10②**）を参考にしていただくのもよいかと思います。

図表2－10①　scikit-learnのアルゴリズム選定のフローチャート

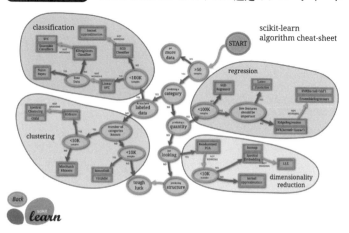

（出所）https://scikit-learn.org/stable/tutorial/machine_learning_map/ より引用

図表2－10②　scikit-learnのアルゴリズム選定のフローチャート

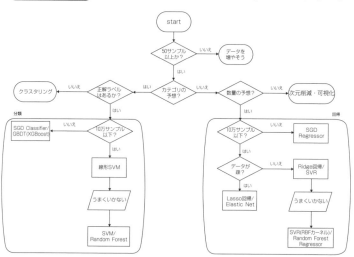

（出所）有賀・中山・西林（2021）を参考に筆者作成

(1) 機械学習の分類

機械学習のアルゴリズムは大まかに**図表 2 − 11** のとおり分類されます。

図表 2 − 11　機械学習のアルゴリズムの分類

アルゴリズムの分類	内　容
分類（classification）	あらかじめ定められた選択肢の中からクラスラベルを予測すること
回帰（regression）	正解となる連続値の予測を行う
クラスタリング（clustering）	データを何かしらの基準でグルーピングすること
次元削減（dimensionality reduction）	高次元のデータを可視化や計算量削減のために低次元にマッピングすること

分類と回帰は「教師あり学習」に分類され，クラスタリングと次元削減は「教師なし学習」に分類されます。

(2) 分類（classification）

分類とは，あらかじめ定められた選択肢の中からクラスラベルを予測することになります。実務では，メールがスパムであるかどうか，画像に映っているキュウリが正常か異常かといった，離散値で表現するものを予測するときに使います。分類のアルゴリズムには，たとえば，以下のようなものが該当します。

- ロジスティック回帰（logistic regression）
- SVM（Support Vector Machine）
- k-NN（k 近傍法）
- 決定木（Decision Tree）

今回は，アイリスのデータセットを利用して分類をやってみましょう。**コード 2 − 66** を入力すると，出力結果のような形の図が出てきます。

コード 2 − 66

```
1  # アイリスデータの読み込み
2  from sklearn.datasets import load_iris
3  iris = load_iris(as_frame=True).frame
4  df = pd.DataFrame(iris)
5  df.head()
```

実行結果

	sepal length (cm)	sepal width (cm)	petal length (cm)	petal width (cm)	target
0	5.1	3.5	1.4	0.2	0
1	4.9	3.0	1.4	0.2	0
2	4.7	3.2	1.3	0.2	0
3	4.6	3.1	1.5	0.2	0
4	5.0	3.6	1.4	0.2	0

　これらのデータは，target ラベルが目的変数，それ以外は説明変数に当てはまります。これらを分類してみましょう。

コード 2 − 67

```
1  # 特徴行列（X）と目的配列（y）の設定を行い，フォーマットを作成する
2  X_iris = df.drop(labels='target', axis=1)
3  y_iris = df['target']
```

　今回は学習用データからモデルを作成します。モデルの検証を行うために，データを学習用とテスト用データに分類します。

コード 2 − 68

```
1  # モデルデータのtrainとtestに分割する
2  from sklearn.model_selection import train_test_split
3  X_train, X_test, y_train, y_test = train_test_split(X_iris, y_iris,
                                                       random_state=71)
4  print(X_train.shape)
5  print(X_test.shape)
6  print(y_train.shape)
7  print(y_test.shape)
```

実行結果

```
1  (112, 4)
2  (38, 4)
3  (112,)
4  (38,)
```

　学習用データとテスト用データの分割が完了しました。出力された値を見る
と，学習用データは 112 行，テスト用データは 38 行に分割されたことがわか
ります。学習用データとテスト用データを分割する方法は，作成されたモデル
の有効性や正確性を検証するために用いられます。

　今回は単純に 2 つを分類したのみですが，ほかにも交差検証と呼ばれる，学
習用データとテスト用データを交互に分割した上でそれぞれのモデルを検証す
る方法なども存在します。今回は scikit-learn の基本を学習することが目的で
すので詳細な解説は省略しますが，興味のある読者は参考文献などを用いて学
習することをオススメします。

　データを分割し終わったら，使用するモデルを選択し，モデルデータに当て
はめます。

コード 2 − 69　　　▶

```
1  # 使用するモデルクラスを選択する
2  from sklearn.linear_model import LogisticRegression
3  reg = LogisticRegression()
4
5  # モデルの当てはめを行う
6  reg.fit(X_train, y_train)
7
8  # モデルに新しいデータを適用する
9  y_model = reg.predict(X_test)
10 print(y_model)
```

実行結果

```
1  [2 0 1 2 1 1 0 2 2 2 2 0 0 1 0 0 2 1 1 1 1 0 1 1 1 2 2 2 2 2 0 0 2 0 1 1 0]
```

　上記の例ではロジスティック回帰（logistic regression）を用いた分類を実
施しました。このモデルの精度を評価したい場合は，以下のコードを実行して
みましょう。

コード 2 − 70　　　▶

```
1  from sklearn.metrics import accuracy_score
2  accuracy_score(y_test, y_model)
```

⇨ 実行結果

```
1 | 0.9473684210526315
```

　その結果，0.9473684210526315と出力されました。

　仮に別のモデルを利用したい場合は，呼び出すクラスを変更すれば大丈夫です。たとえばsvmを利用したい場合は，以下のように書き換えましょう。

コード2−71 ▶

```
1  # 別のモデルを使用する
2  from sklearn.svm import SVC
3  reg = SVC(kernel='linear')
4  reg.fit(X_train, y_train)
5  y_model = reg.predict(X_test)
6  print(y_model)
7
8  # モデルのスコアを出力する
9  accuracy_score(y_test, y_model)
```

⇨ 実行結果

```
1 | [2 0 1 2 1 1 0 2 2 1 2 0 0 1 0 0 2 1 1 1 1 0 1 1 1 2 2 2 2 2 0 0 2 0 1 1 0]
2 | 0.9736842105263158
```

　その結果，モデルの精度は0.9736842105263158と評価されました。

(3)　回帰 (regression)

　回帰は，連続値の予想に使われるアルゴリズムです。分類と異なり，答えが連続値になります。たとえば，webサイトのアクセス数や年収，血糖値の予測などに用いられます。回帰についても，アルゴリズムは，以下のものが該当します。

- 線形回帰
- 多項式回帰
- ラッソ回帰
- リッジ回帰

- SVR

今回は Google Colab のサンプルデータにある california_housing データを用いて実践してみましょう。

コード 2 － 72 ▶

```
1   # Google Colaboratoryのデータをインポートする
2   from google.colab import drive
3   drive.mount('/content/drive')
4
5   # サンプルデータをDataFrameに格納する
6   train = pd.read_csv('/content/sample_data/california_housing_train.csv')
7   test = pd.read_csv('/content/sample_data/california_housing_test.csv')
8
9   # サンプルデータを説明変数と目的変数に分類する
10  house_X = train.drop(labels='median_house_value', axis=1)
11  house_y = train['median_house_value']
12  print(house_X.shape)
13  print(house_y.shape)
14
15  from sklearn.model_selection import train_test_split
16  X_train, X_test, y_train, y_test = train_test_split(house_X,
                                          house_y, random_state=72)
17
18  from sklearn.linear_model import LinearRegression
19  reg = LinearRegression()
20
21  reg.fit(X_train, y_train)
22
23  y_model = reg.predict(X_test)
24
25  from sklearn.metrics import mean_squared_error
26  np.sqrt(mean_squared_error(y_test, y_model))
```

▷ 実行結果

```
1   (17000, 8)
2   (17000,)
3   68657.25365762845
```

今回は RMSE という指標でモデルを評価しました。このように，線形回帰モデルを用いて住宅価格の予想を行う場合には，平均約 68,000 ドルの誤差で

予測できることが判明しました。これは，前処理も何もしていないかつ，一番シンプルな線形回帰モデルを用いたため，この程度の誤差が出たと考えられます。

　次にランダムフォレストで試すと以下のようになります。上記モデルで用いたデータセットと同条件のデータを用いるため，データの分割までは同様になります。

（コード 2 － 73　▶）

```
1   from sklearn.ensemble import RandomForestRegressor
2   reg = RandomForestRegressor()
3
4   reg.fit(X_train, y_train)
5
6   y_model = reg.predict(X_test)
7
8   from sklearn.metrics import mean_squared_error
9   np.sqrt(mean_squared_error(y_test, y_model))
```

実行結果

```
1   48916.773600056775
```

　このように，ランダムフォレストを用いて住宅価格の予想を行う場合には，平均約 49,000 ドルの誤差で予測できることが判明しました。今回のケースでは，何も前処理をしていない場合は，線形回帰よりもランダムフォレストのほうが良い結果が出ました。このように，使うべきモデルをどのように選択するかを検討することは非常に重要です。

⑷　クラスタリング（clustering）

　クラスタリングとは，教師なし学習の１つの方法であり，主に多数のデータをいくつかの類似グループに分類する方法です。クラスタリングの方法には，k-means 法と呼ばれる，距離が近いデータ同士を k 個のグループに分割する方法や，階層型クラスタリングと呼ばれる手段があります。k-means 法については**第6章**でコードと併せて解説をしているので，実際に手を動かして実践してみましょう。

(5)　次元削減

次元削減とは，高次元のデータからできるだけ情報を保存するように低次元のデータに変換することです。たとえば，試算表などは高次元のデータで様々な変数から構成されているため，パッと見では科目間の相関関係などを理解することは困難です。そこで，次元削減を用いることで，データ同士の共変動を表す新たな特徴量を作成することができます。次元削減の手法の代表例として，主成分分析（principal component analysis）があります。詳細は**第 3 章**を参照してください。

Ⅸ　まとめ

本章では，会計データサイエンスを実際に行うために必要な Python の基礎知識について解説しました。紹介した 4 つのライブラリは Python でデータサイエンスを実践するためには必要不可欠といっても過言ではないものです。また，これらは統計学やデータ分析の知識と組み合わせることによって，より高い効果を発揮することができます。本書ではこれらの内容も解説していきますので，引き続き読み進めていきましょう。

参考文献

Python の文法やライブラリの詳細について学びたい方は，以下の書籍を一読することをオススメします。

- Bill Lubanovic 著，鈴木駿監訳，長尾高弘訳（2021）『入門 Python 3 第 2 版』オライリー・ジャパン
  > Python の基本文法を網羅的に解説している 1 冊。ボリュームは多いが Python の基本をキッチリ学びたい人にはオススメです。
- Brett Slatkin 著，黒川利明訳，石本敦夫技術監修（2020）『Effective Python 第 2 版：Python プログラムを改良する 90 項目』オライリー・ジャパン
  > Python を良く書くために何をすべきか，何をしないべきか，Python のお作法を教えてくれる 1 冊。辞書的に読むと非常に役に立ちます。

- Wes McKinney 著，瀬戸山雅人，小林儀匡，滝口開資訳（2018）『Python によるデータ分析入門 第2版：NumPy，pandas を使ったデータ処理』オライリー・ジャパン

  pandas の利用方法を中心としたライブラリの利用方法について書いた1冊。辞書的に利用することがオススメです。

- 有賀康顕，中山心太，西林孝（2021）『仕事ではじめる機械学習 第2版』オライリー・ジャパン

  機械学習やデータ分析の道具をどのようにビジネスに活かせばいいか，機械学習プロジェクトの進め方について整理をしている1冊です。機械学習の理論やプログラムの基礎，数学といった内容を扱うものではありませんが，実務への適用可能性を探りたい人にとってはオススメです。

- 塚本邦尊，山田典一，大澤文孝（2019）『東京大学のデータサイエンティスト育成講座：Python で手を動かして学ぶデータ分析』マイナビ出版

  実際に手を動かしながら Python やデータサイエンスのスキルを学ぶための本です。かなり丁寧にコードの解説がしてあるため，手を動かして学びたい方には最適な1冊です。統計学や数式の意味については記載されている参考文献を参考に読み進めていくのがオススメです。

Column
①

Python 以外のプログラミング言語について

データサイエンスには数学・IT・ビジネスの 3 要素が重要であることは，**第 1 章**でも説明しました。この中の IT スキルに関連して，どのプログラミング言語を学べばよいかということは，初学者から多く寄せられる質問です。

　結論から言うと，使用するプログラミング言語や IT ツールは何でもよいです。何でもよいというのは，適当に選んでよいということではなく，ビジネス課題に対処できるものであれば，特定の言語やツールにこだわる必要はないということです。たとえば，会計人材が慣れ親しんできたであろう Excel などの表計算ソフトを扱えるということも立派な IT スキルです。Excel を活用したデータ分析組織の例として，ワークマンという会社があります。ワークマンは全社員に Excel 操作を習得させることにより，各現場の社員がデータ分析の当事者として判断を行う組織になっているといいます。読者の皆さんには，ぜひご自身の課題を解決するためのプログラミング言語やツールを選定するというプロセスにも関わってほしいと思います。

　本書では会計データサイエンスの実践のために Python を用いています。その理由の 1 つは，Python が昨今のデータサイエンスの基本言語として広く認識されているからです。しかし，会社によっては IT ポリシー上 Python を動かすための環境を整えることができない場合もあるでしょう。したがって，すぐに業務に活かせるということを重視するならば，Excel VBA を勉強してみるのも 1 つの手段になると思います。

　大切なのはプログラミングの基本的な考え方を学び，ビジネスの視点と融合させることです。プログラミングで解決できる課題を見極め，適当な解決策を見極められる能力が重要になります。Python にせよ VBA にせよ，この言語でなければできない分析が多いのも事実です。そのため，自身の課題の特徴をよく理解し，それを解決する最も効果的かつ効率的な方法を選択していきましょう。

第 **3** 章

第 **3** 章

数学入門

第 **3** 章

───── **Episode 3** ─────

Pythonを学んだ竹山さんは「よし，これでデータ分析ができるようになる！」と意気込んでいましたが，また新たな疑問を持つようになりました。
「そもそも分析手法ってどんなのがあるんだっけ？」

今まではなんとなくExcelのグラフを作成していたけれど，これらにも実は数学的背景があるだろうし，それを知ることでより良い分析ができるようになるかもしれない。そう思い，同じ大学で統計学を専攻していた大澤さんに数学やデータ分析の基礎を学びにいくことになりました。

I 確率・統計の基礎

この節では，本書を通じて何度も登場する確率・統計の用語を解説します。データはランダムな変数として与えられることがほとんどであり，事前にどんなデータが得られるかを完全に予期するのは困難です。しかし過去のデータから，そのデータがどういう法則で発生しているかについて，大まかに知ることはできます。そのためには，確率論や統計学の知識が必要です。

1 数　式

データや法則性は数式によって表します。なぜなら，数式を用いて明確に用語を定義することで解釈の余地が減り，議論の見通しがよくなるためです。数や概念を簡潔に伝えるための記号（たとえば和の記号Σなど）がたくさん作られ，利用されてきました。数式を利用すると短く正確に情報を伝えられますが，記号等を理解しないと読みづらい部分があります。

たとえば，売上の合計値を数式で表す場合には以下のような書き方をします。

- 毎月の売上を変数 x で表します。

- 2020 年 4 月の売上，2020 年 5 月の売上というふうに，異なる時点の同じ性質のデータを扱う際には，x_{202004}，x_{202005} のように，変数の右下に数字などをつけて表します。

- 2020 年 4 月から 2021 年 3 月までの一連のデータであることがあらかじめわかっていて，第 1 番目の変数が 2020 年 4 月，第 2 番目の変数が 2020 年 5 月，…，第 12 番目の変数が 2021 年 3 月であることに誤解がない場合には，x_1，x_2，…，x_{12} のように通番を付して書くことも多いです。

　会計がビジネスの基本言語として用いられるのと同様に，数式は科学を記述するための基本言語として用いられています。どちらも習得するには努力が必要ですが，それぞれの専門分野を習得するためには避けて通れません。しかし，習得すれば新たな世界が拓けるため，努力して身につけていきましょう。

2　合　計

　いくつかの変数を足し合わせるという操作は，会計データサイエンスの様々な場面で登場します。たとえば，毎月の売上の金額 x_1，x_2，…，x_{12} から年間の売上を合計したい場合には，$x_1 + x_2 + \cdots + x_{12}$ のように計算します。しかし，この書き方では数式が冗長になり，簡潔とはいえません。

　そこで，冗長な数式表現を避けるために，高校数学で学んだ「合計」を表す記号である「Σ（シグマ）」を思い出しましょう。Σ 記号が苦手な方もいると思いますが，数式を用いた簡潔な議論のためには，大変重要です。たとえば，上記の $x_1 + x_2 + \cdots + x_{12}$ という合計の式は $\sum_{n=1}^{12} x_n$ と簡単に書き表すことができます。これは，カウントの意味を持つ変数 n を 1 から 12 まで変化させていき，各値 x_n を足していく操作を表しています。

3　関数と合成関数

　データとデータの関係性は，関数として与えられることが通常です。

　たとえば，広告宣伝費 x を 1 億円増やすと，売上 y が 10 億円増えることがわかっているとします。広告宣伝を一切行わなかったときの売上が 5 億円だったとすると，x と y の間には $y = 10x + 5$ という関係式が成り立っていると考えられます。このとき，y は x の 1 次関数として表されています。1 次関数に限らず，一般に y が x の関数として表されるとき，$y = f(x)$ のように書くこと

ができます。

　データ x, y, z の間に，$y = f(x)$，$z = g(y)$ という関係が成り立っているとします。このとき，$z = g(y)$ に $y = f(x)$ を代入して $z = g(f(x))$ という x と z の関係を作ることができます。このように，関数を入れ子構造にして合成したものを，「合成関数」といいます。

　先ほどの例と同様に，売上 y が広告宣伝費 x の関数として $y = f(x)$ と表されるとします。また，株価 z が売上 y の関数として $z = g(y)$ と表されるとします。このとき，株価 z を広告宣伝費 x の関数として $z = g(f(x))$ と表せます。

4　逆関数

　関数とは，第1のデータを与えたときに，第2のデータを対応づける規則のようなものです。ではこの逆，つまり，第2のデータが与えられたときに，第1のデータを対応づける関数はあるのでしょうか。先ほど取り上げた売上 y と広告宣伝費 x を具体例として考えてみましょう。

　いま，2つの関係が $y = 10x$ であるとわかっているとします。この式の意味は，広告宣伝費 x が1単位（1億円）増えると，売上 y が10単位（10億円）増えるような関係にあると解釈できます[1]。この式が正しければ，売上 y が1単位（1億円）増えているとき，広告宣伝費 x が $0.1 (= 1 \div 10)$ 単位（1千万円）増えていると考えることもできるでしょう。つまり，$y = 10x$ という関係式から，$0.1y = x$ という関係式を導きました。$y = 10x$ から導かれた $0.1y = x$ という関係式は，元の式のいわば「逆の関係」にあるといえます。関数の表現の仕方として，$0.1y = x$ の式の変数 x と y を取り替えて，改めて $y = 0.1x$ と書いたとき，この式を $y = 10x$ の「逆関数」といいます。

---

(1)　ここで注意しなくてはならないのが，因果関係と相関関係は違うということです。因果関係とは，2つの変数が原因と結果の関係にあることを意味します。一方，相関関係とは，2つの変数の大小に比例的な傾向が存在することを意味します。本文の例示では，広告宣伝費が増えると売上が増えるという因果関係があるような表現をしていますが，データサイエンスにおいて因果関係を明らかにするのは難しい場合も多いと考えられます。これに対して，相関関係は統計学によって比較的簡単に把握できます。相関関係があっても，因果関係があるとは限らないので，両者の区別はしっかり意識しましょう。

5　確率変数

　私たちが扱う会計データは，事前にその値を知ることが困難な場合がほとんどです。たとえば投資家にとって来期の企業の利益を高い確度で言い当てるのは困難であり経理担当者も次月の月次売上がどのくらいになるかを一切の誤りなく予測することは不可能です。

　一方で，来期の利益や次月の月次売上がどのくらいの確率でどの程度の金額になるかという見通しは立てられることも多く，予算などはまさにそうした見通しによるものでしょう。事前には値が定まらないけれども，そのとりうる値と確率がわかっている変数を，確率変数と呼びます。

　身近な例では，サイコロの目は確率変数になります。サイコロの目は1から6と決まっており，各目が出る確率は（イカサマがなければ）$\frac{1}{6}$になります。

6　確　率

　確率変数は，起こりうる結果の数を数えられるタイプ（離散確率変数）と，連続的に変化するタイプ（連続確率変数）とに大別されます。サイコロの目は起こりうる結果が1から6の目のいずれかなので，離散確率変数です。一方，企業の利益を確率変数として考えるときには，連続確率変数として扱います。1億円，1億1円，1億2円……のように数えられる形で考えることもできなくはありませんが，小数点以下の任意の桁数でも表せる（つまり利益は実数値をとる）と考えたほうが都合がよい場合も多いでしょう。

7　離散と連続

　離散確率変数には，その確率変数がとりうるそれぞれの場合に対して確率が与えられています。例えばサイコロを投げて出る目が2である確率を $P(2)$ と表すと，$P(2) = \frac{1}{6}$です。この $P(\cdot)$ のように，確率変数のとりうる値を指定し確率を返すような関数を確率関数（または確率質量関数）といいます。

　連続確率変数ではとりうる値が無限に存在するので，その1つひとつが起こる確率は0になってしまいます。そこで連続確率変数について確率を考えるときには，「ある確率変数が特定の区間に入る確率」を考えることにしています。つまり，連続確率変数として定義される来期の企業利益 x に対して，$x =$ 123.456…億円になる確率を計算すると0になってしまうので，x が123.4億円

から123.5億円の間に入る確率を計算するのです。この計算は，私たちが高校で習った積分によって行います。

来期の企業利益 x が123.4億円から123.5億円の間に入る確率 $P(123.4 \leq x \leq 123.5)$ は，ある関数 f を用いて

$$P(123.4 \leq x \leq 123.5) = \int_{123.4}^{123.5} f(z)\,dz$$

という積分の形で表されます。この連続確率変数の確率を定めるための関数 f を，確率密度関数と呼びます。

8　確率分布

確率分布とは，確率変数がとる値とその値をとる確率の対応関係を指します。先ほど説明したサイコロの目の確率分布を表すと，**図表3－1**のとおりになります。

図表3－1　サイコロの目の確率分布

出目の数	1	2	3	4	5	6
出目の出る確率	$\frac{1}{6}$	$\frac{1}{6}$	$\frac{1}{6}$	$\frac{1}{6}$	$\frac{1}{6}$	$\frac{1}{6}$

データサイエンスで頻繁に利用される確率分布がいくつも存在し，それらは数式で表すことができます。データ分析の目的の1つに母集団の性質を知ることがありますが，その性質を確率分布で端的に表すことができればデータの取扱いや解釈も簡潔になります。以下で代表的な確率分布を説明します。

確率分布の一覧と関係図

以下の**図表3－2**は代表的な確率分布とそれらの内容について示しています。数式や分布間の関係についての詳細な解説は省略しますが，興味のある方は参考文献を用いて理解を深めてみてください。

図表3－2 代表的な確率分布と関係図

名称	確率関数・確率密度関数	説　明	会計データサイエンスでの用途
二項分布	$P(X = k) = \binom{n}{k} p^k (1-p)^{n-k}$	一定の確率 p で成功する試行を n 回実行した際に成功した回数が k となる確率を示す。	内部統制のサンプルサイズを算定するときのサンプルサイズの決定の際に用いる（詳細は**第4章**参照）。
ポアソン分布	$P(X = k) = \dfrac{\lambda^k e^{-\lambda}}{k!}$	独立したランダムな事象が定期間内に平均 λ 回起こる場合にそれが k 回起こる確率を示すことを表す確率分布。	母集団の予想逸脱率が十分に小さく，サンプルサイズが十分である場合における，金額単位サンプリングのサンプルサイズを決める際に用いる（詳細は**第4章**参照）。
正規分布	$f(x) = \dfrac{1}{\sqrt{(2\pi\sigma^2)}} e^{-\frac{(x-\mu)^2}{2\sigma^2}}$	自然現象や社会現象によく当てはまる確率分布。平均 μ と標準偏差 σ という2つのパラメータで分布の形が決まる。	多くの統計量が標本分布においては正規分布に従うことから扱いやすいため，様々な分野で扱える。また，統計学における誤差（ノイズ）が正規分布に従うと考えるケースが多い。
指数分布	$f(x) = \lambda e^{-\lambda x}$	低い確率で起こるランダムな事象が，次に発生するまでの時間間隔が従う分布。	飲食店における食中毒が次回起きる確率の検討などが該当する。
ガンマ分布	$f(x) = \dfrac{\lambda^{\alpha}}{\Gamma(\alpha)} x^{\alpha-1} e^{-\lambda x}$	低い確率で起こるランダムな事象が α 回起こるまでの時間が従う分布。指数分布を一般化したものであり，$\alpha = 1$ のとき指数分布となる。	金額単位サンプリングのサンプルサイズを求める際に利用する（詳細は米国公認会計士協会（2018）参照）。
ベータ分布	$f(x) = \dfrac{1}{B(\alpha,\beta)} x^{\alpha-1}(1-x)^{\beta-1}$	α，β の値によって様々な形の確率分布を表現できる。	ベイズの事前分布として自分の好みの仮説を表すときなどに用いる。

（出所）江崎貴裕『分析者のためのデータ解釈学入門　データの本質をとらえる技術』2020年，ソシムを参考に筆者作成

• 確率分布の関係図

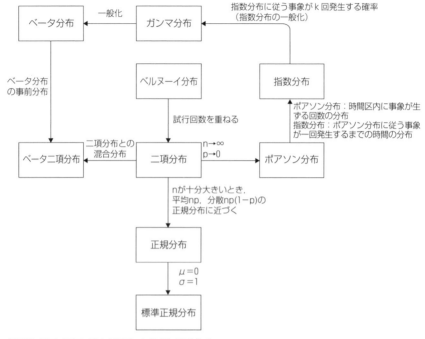

(出所) 浜田・石田・清水 (2019) を参考に筆者作成

Ⅱ　データの探索

　本章では手元にある観測値の集合（データ，標本）からどのようにして情報を読み取っていくかを学んでいきます。データの探索とは，データを様々な角度からみることで，データの背後にある法則を発見したり，データが生成される規則について仮説を立てたりすることです。注意が必要なのは，探索のアウトプットはあくまでもっともらしい仮説であることです。これらの仮説に基づき意思決定を行う際には，後に説明する推論によって検証することが望ましいと考えられます。

1　データの把握

　データがどんなタイプのものであるかを把握するためには，まずデータの全体的な傾向を把握することから始めていきます。何も処理をしていないデータ

は，数字やテキストの羅列であり，それのみでは傾向を掴むことは困難です。したがって，傾向を掴むためのアクションが必要です。そのための手段として，データの分布を可視化することが考えられます。本節では，データの可視化について説明します。

(1) ヒストグラム

ヒストグラムとは，観測値をいくつかの区間に分けたとき，区間ごとに観測値がいくつ含まれているかを可視化したものです。ヒストグラムを描くことにより，観測値が全体としてどのような傾向を示しているかを視覚的に把握できます。

例として架空の会社 100 社分の投資利益率のデータを見てみましょう。

コード3－1

```
1   # googleドライブにマウント
2   from google.colab import drive
3   drive.mount("/content/drive")
4
5   %cd /content/drive/MyDrive/サンプルコード一覧/data/sec3
6
7   # ライブラリの読み込み
8   import numpy as np
9   import pandas as pd
10
11  # データの読み込み
12  data = pd.read_csv('sec3_1dim.csv', index_col=0,
                       dtype={'code':str, 'industory':str, 'ROI':float})
13  display(data.head())
```

▶ 実行結果

code	industry	ROI
533272	Construction	0.038802
453772	Construction	-0.042306
100872	Finance	0.012625
766749	Services	0.054696
708189	Finance	0.042252

　ここで100社を1社ずつ確認してもいろいろな投資利益率の会社があるとわかるだけです。数値を比較することで0.001％のばらつきまでわかりますが、大抵の場合はこのような些細な違いを正確に把握することにあまり意味がないでしょう。この点、ヒストグラムを描くことで、だいたいどれくらいなのかを視覚的に把握することができます。ヒストグラムはmatplotlibライブラリの関数pyplot.hist()で描画できますが、pandasライブラリのSeries.hist()またはDataFrame.hist()から自動で呼び出すこともできます。まずは以下のコードを実行してヒストグラムを描いてみましょう。

コード3－2 ▶

```
1  # draw histogram
2  data.ROI.hist(bins=20)
3  # binsの値を指定できる。binsを20，5，100とした場合の出力結果が，それぞ
     れ図表3－3，図表3－4，図表3－5となる。
```

実行結果

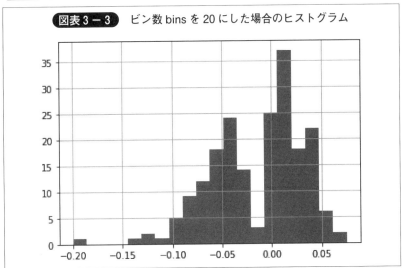

図表3-3　ビン数 bins を 20 にした場合のヒストグラム

　実行結果の**図表3-3**の横軸は投資利益率，縦軸は各区間に含まれる会社数ですが，1～2％程度の企業が最も多く，利益率が-20％の企業も存在することがヒストグラムから見て取れます。また，データを人間が見る場合，一部のデータのみを見て全体を見誤るなどの可能性があります。それを防ぐためにも，ヒストグラムによる可視化は有効です。

　ヒストグラムを描画するときには観測値を分ける区間をいくつにするか（ビン数と呼ばれる）に気を配りましょう。たとえば，先ほどのヒストグラムは20区間に分けていますが，これを5区間に分けると大雑把な形はわかるものの，20区間のときに見えていた山が潰れてしまうこともあり得ます（**図表3-4**）。逆に100区間にすると，データがどの区間に集中しているのかがわかりづらくなることもあります（**図表3-5**）。ヒストグラムを描く際にはいくつか試してみるのがよいでしょう。

　区間の選択には分析者の主観が入り込みやすいので，様々な区間数で試したヒストグラムを報告するようにするのが望ましいと考えられます。目安としてSturges の法則，Scott の法則，Freedman-Diaconis の法則等で区間数を決めることもできますが，これらの法則には前提となる分布形状があるため，汎用性がありません。詳しくは NumPy のサポートページに整理されているので，

興味のある方は一読してください[2]。

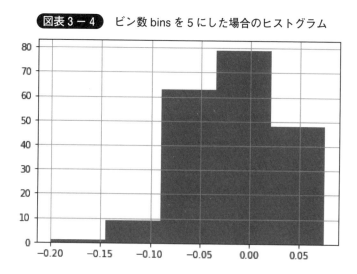

図表3－4　ビン数 bins を 5 にした場合のヒストグラム

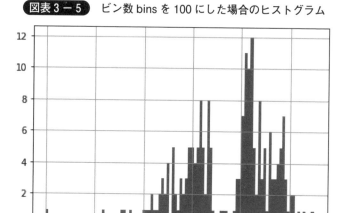

図表3－5　ビン数 bins を 100 にした場合のヒストグラム

---

(2)　https://numpy.org/doc/stable/reference/generated/numpy.histogram_bin_edges.html#numpy.histogram_bin_edges

(2)　カーネル密度推定

　上述のように，ヒストグラムには区間の数に依存して形が大きく変わってしまうというデメリットがあります。そこで，このデメリットをやわらげる1つの方法として，観測値を区間で明確に分けずに“なめらかなヒストグラム”を作成することができます。“なめらかなヒストグラム”を作成する方法として，たとえばカーネル密度推定（Kernel Density Estimation, KDE）という手法があります。カーネル密度推定とは，確率変数の確率密度関数（図表の曲線）を推定する手法の1つです。カーネル密度推定を用いれば，区間を変えたときの分布形状の変化を“なめらか”にでき，観測値の分布形状を把握しやすくなります。ただし，この方法もヒストグラム同様に分析者が区間に代わる情報（バンド幅）を指定する必要があるため，観察者の主観に依存することからは逃れられません。なお，カーネル密度推定については章末のコラムにて解説するので，興味のある方は参考にしてください。

　以下の**図表3－6**および**図表3－7**は，**コード3－2**で作成したヒストグラムをカーネル密度推定により表したものです。バンド幅を変更することにより，なめらかさの度合いを変更することが可能です。なお argument（引数）で secondary_y=True（**図表3－6**でいうと右のY軸［縦軸］を指定したい場合は True，そうでなければ False）とすることで，度数を右軸，カーネル密度推定で推定した密度を左軸に別々に指定しています。

コード3－3　▶

```
1  # KDE
2  ax1=data.ROI.hist(bins=20)
3  data.plot.kde(ax=ax1, bw_method=0.2, secondary_y=True)
4  # bwを1とした場合の出力結果は図表3－7
```

実行結果

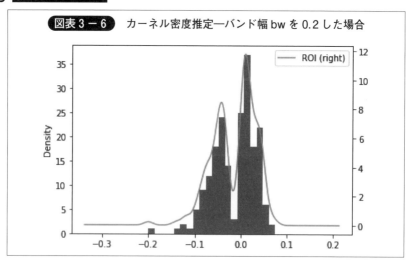

図表3−6　カーネル密度推定—バンド幅 bw を 0.2 した場合

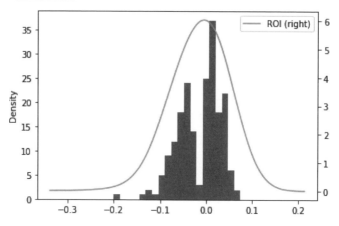

図表3−7　カーネル密度推定—バンド幅 bw を 1 にした場合

(3) バイオリンプロット

　また，データが何セットかある場合には，それぞれのカーネル密度推定のグラフの横軸を縦軸として描画するバイオリンプロットという描画が用いられます。バイオリンプロットは seaborn ライブラリを用いて描画できます。バイオリンプロットは**第2章**で説明した箱ひげ図と似ていますが，箱ひげ図では四分

位範囲という要約値のみが含まれるのに対して，バイオリンプロットは密度分布が横幅で表されることから，分布について直感的によりわかりやすく記載することができます（**図表 3 − 8**）。箱ひげ図よりもわかりやすいのですが，箱ひげ図に比較してマイナーであることがデメリットといえるでしょう。

図表 3 − 8　四分位範囲，箱ひげ図，バイオリンプロットの直感的イメージ

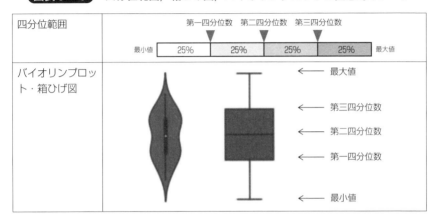

コード 3 − 4　▶

```
1  import matplotlib.pyplot as plt
2  import seaborn as sns
3
4  sns.violinplot(data=data, x='industry', y='ROI', jitter=True,
                  color='gray')
5  plt.ylabel('ROI',fontsize=14)
```

実行結果

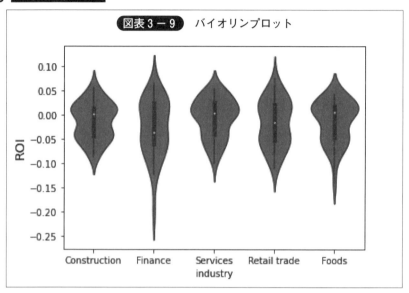

図表3－9 バイオリンプロット

2 データの要約

ここまでの解説で,データの分布を可視化することで視覚的に把握できることがご理解いただけたと思います。しかし,それだけではデータを客観的かつ定量的に評価・記述したことにはなりません。データから定量的かつ客観的な情報を入手するためには代表値を捉えることが有用です。代表値としては主に平均値,中央値,最頻値が挙げられます。

(1) 平均値

平均値とは,観測値 $x_1, x_2, ..., x_N$ の合計をデータの個数 n で割った値であり,$\bar{x}$ と表されます。

$$\bar{x} = \frac{1}{N} \sum_{n=1}^{N} x_n = \frac{x_1 + x_2 + \cdots + x_N}{N}$$

たとえば x_1 がたまたま他よりも3多く,逆に x_2 がたまたま3小さい場合,これら2つを足すことで,偶然生じたズレを相殺することができ,平均値は偶然生じたズレを相殺した代表値と解釈できます。

(2)　中央値

データ $x_1, x_2, \cdots, x_N$ を小さい順に並べたときの $\frac{N-1}{2}$ 番目（N が奇数のとき）の観測値を中央値と呼びます（N が偶数のときは $\frac{N}{2}$ 番目または $\frac{N}{2}+1$ 番目，あるいはその 2 つの観測値を足して 2 で割った値を中央値とします）。もっと簡単に説明すると，中央値はデータを小さい順に並べたときに，ちょうど真ん中に来る値のことです。中央値は観測値それぞれの値自体を計算に用いないため，外れ値の影響をほとんど受けません。

(3)　最頻値

最頻値とは，観測値の中で最も観測頻度が高い値をいいます。たとえば，10点満点のテストの点数のように観測値が離散値で与えられた場合には，最も観測頻度が高い点数が最頻値となります。観測値が離散でない場合には，そもそも観測値が重複することはないため，観測値のヒストグラムを描画し，ヒストグラムの最も高いところの値にしたり，カーネル密度推定で観測値の分布を推定して最大値として計算することができます。

(4)　3 つの代表値の使い方

ここまで見てきた 3 つの代表値はデータの特徴を捉えるために有用ですが，単一の代表値を眺めただけではデータ本来の特徴を見逃してしまう可能性があります。一例として，平均値や中央値は，データが持つばらつきを考慮できません。{-10, 10} というデータと {-100, 100} というデータでは，いずれも平均値は 0 ですが，後者のほうがばらつきが大きくなります。平均値ではこうしたばらつきに関する情報を捨象してしまいます。そのため，ヒストグラムを描いて分布の形状を確認したり，他の代表値を用いることでデータの特徴を把握することが重要です。

たとえば，平均年収のような平均値を分析する際には，一部の富裕層が平均値を引き上げている可能性に注意が必要です。このような場合には，中央値や最頻値を用いることで，そうした人が例外であることを把握することができるでしょう。

このように，いたずらに 1 つの代表値を用いるのではなく，3 つの代表値をうまく使うことで，データの傾向を掴むことが重要です。

（*）なお観測値の代表の決め方の 1 つとして，観測値からの距離の合計が最も小さい

点を選ぶ方法があります。ここで，距離の定義には様々なものがあります。たとえば，観測値の距離を代表値 r との差分の二乗で表すと，距離の合計は $\Sigma_{k=1}^{k}(x_k-r)^2$ となります。実は代表値として平均値を選ぶと，この距離合計は最小になります。同様に，観測値との距離を代表値 r との差分の絶対値とすると距離の合計を最小にする r は中央値，観測値との距離を代表値 r との差分の 0 乗（つまり差があると 1，ないと 0）とすると距離の合計を最小にする r は最頻値となります。

(5)　データ要約時の注意

　分布に山が2つ以上ある場合があります。このような分布の性質を多峰性といいます。多峰性がある場合に平均値をとってしまうと，周りにデータが存在していない数値が代表となってしまうこともあり得ます。たとえば，投資利益率の平均値は -0.001% のあたり（**図表3 − 10** の点線部）ですが，この値周辺はちょうどデータが少ないことが見てとれるでしょう。このような場合，平均値はもはや分布を代表する値とはいえません。

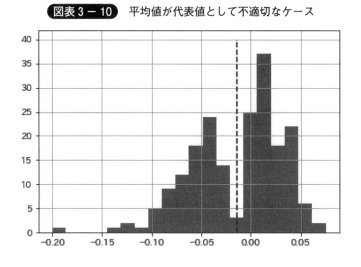

図表3 − 10　平均値が代表値として不適切なケース

　上記のようなケースでは，観測値をその値に基づいていくつかのグループに分ける方法が有効です。たとえば，投資利益率の場合，正のデータと負のデータとで分けて，それぞれの要約値（最頻値など）を計算する方法が考えられます。このように観測値にはいくつか別のグループに属するものが混ざっていると考えて分析します。このグループを分ける方法はクラスタリングと呼ばれて

います。クラスタリングについては**第6章**で説明します。

　なお，最頻値は右側の山の極大値（てっぺん）でしたが，左側の山の極大値も知りたいとき，すなわち，多峰性の分布の極大値（分布のてっぺん）を求めるときには Mean-Shift アルゴリズムという方法があります。このアルゴリズムでは観測値の密度を推定してクラスタリングを行っています。

(6) 標準偏差

　代表値を用いて，データがどのあたりを中心に分布しているかを把握したら，次はデータのばらつきを評価し分布の形を定量化してみましょう。データのばらつきを評価するためには分散また標準偏差を計算します。分散は以下のとおり，各値と平均値の差の二乗の合計を，サンプルサイズの n で割った値で計算されます（サンプルサイズについては**第4章**の **Column③**参照）。数式で表すと以下のとおりです。

$$\sigma^2 = \frac{1}{N} \sum_{n=1}^{N} (x_n - \bar{x})^2$$

標準偏差は，分散のルートを取った値です。

$$\sigma = \sqrt{\sigma^2}$$

　データのばらつきは，分散や標準偏差を用いて数値化できますが，視覚化する際には先述した箱ひげ図やバイオリンプロットなどがよく使われます。

3 複数の変数を用いた分析

　1つの観測対象から2種類以上の観測値が得られる場合があります。こういった場合には観測値のそれぞれについて前項で紹介した手法を用いて分析することができます。たとえば，1つの観測対象とすると，そこには多様な勘定科目の金額が含まれていますから，2種類以上の観測値が得られることになります。しかし，これら2つの観測値の間に何らかの関係がある場合には，同時に分析しないとこの関係に関する情報を捨象してしまうことになってしまいます。そこで，ここでは1つのレコードの2つ以上の観測値を同時に分析する方法について学んでいきましょう。

⑴　2次元のデータの可視化

　ここでは例として，投資額と事業利益のデータを読み込んで分析してみましょう。観測値の組み合わせを可視化するには，2つの観測値をそれぞれ x, y として点を打った散布図を用いるとわかりやすいです。ただし，データのサイ

図表 3 － 11　投資額と事業利益の関係

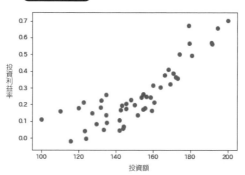

［点が多い場合］

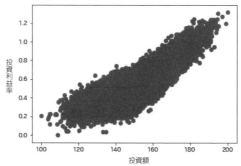

［カーネル密度推定の利用］

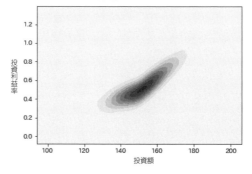

ズが大きくなると近くの点同士の区別がつかなくなり，データの密集具合がわからなくなってしまいます。こういった場合にはヒストグラムやカーネル密度推定で密集具合を推定することで対応します（**図表3−11**）。

⑵　2次元データの要約（相関係数，共分散）

　2次元データは，観測値それぞれの値だけでなく，観測値間の関係も重要になります。この関係の強さはデータの類似度の指標で表すことができます。類似度の一例として，相関係数（rと表す）があります。相関係数とは，2つのデータの間にある関係の強さを測るための指標であり，$-1 \leqq r \leqq 1$の値を取ります。相関係数が1に近づくほど正の相関が強く，-1に近づくほど負の相関があると考えられます。

コード3−5　▶

```
1  data=pd.read_csv("sec3_2dim_50k.csv")
2  print(np.corrcoef(data['投資額'], data['投資利益率']))
```

実行結果

```
1  [[1.        0.838805]
2   [0.838805 1.       ]]
```

　numpy.corrcoef は，2×2の行列を出力します。この (2,1) 成分または (1,2) 成分が相関係数の値です。2変数の関係が正規分布から外れると，相関係数の大きさが真の関係性の強さを反映しなくなる場合がある点に注意してください。

⑶　多次元データの可視化

　⑴⑵では2次元までのデータの分析方法について述べてきました。ただ，3次元以上のデータに対しても同様に分析を行いたくなることも当然あるでしょう。しかし，あまりにも変数の数が多くなると，データ自体の関係を解釈することが困難になることがあります。そこで，高次元データの特徴を最もよく反映するような（代表するような）2つの次元を選ぶ次元圧縮と呼ばれる手法を用いて可視化を行います。このような手段を用いることにより，データの見通

しがよくなります。

⑷ 主成分分析（PCA：principal component analysis）

主成分分析とは，多変量（高次元）のデータに対して，変数の間の共分散や相関の強い変数同士をまとめて，個々の対象の違いを最も大きくするような主成分と呼ばれる新しい特徴量を作成するための手法です。ざっくりいうと，多次元のデータの持つ情報をできるだけ損なわずに，低次元の情報に集約することです。身長と体重という2次元データから肥満度を表すBMIという1次元データに変換するイメージです。

たとえば，一般に試算表のデータは，勘定科目の種類だけ次元がある多次元データです。仕訳の借方と貸方をイメージするとわかりやすいですが，複式簿記では，ある勘定科目の金額が変化するとき，必ず他の勘定科目の金額も変化していきます。また，1つの経済事象を複数の仕訳で表現することもあり，複数の勘定科目が同時に変化することもあります。したがって，試算表における各勘定科目残高観測値の間には何か関係があることが予想できるでしょう。

しかし，n個の変数間の関係を見る場合には，2変数の組み合わせは$n(n-1)/2$通りあるため，すべての散布図を見ることは現実的ではない場合があります。その場合，試算表の勘定科目を用いて主成分分析を行うことで，複数の勘定科目の連動性を発見することができるでしょう。

主成分分析はデータセットと変数の関係を理解することを目標としていることから，本来は教師なし学習（**第6章**参照）において活用される手法ですが，データの理解のためにも活用できることから，本章にて解説しました。

Ⅲ　推　論

ここまで，データの中身を理解することで特徴量を捉えることまで解説してきました。ここからは，観測値を用いて未知の何かを予測するプロセスである推論について解説をしていきます。

1　A/Bテスト

A/Bテストとは，2つの処置などのうちどちらが優れているのかを決定するために，2つのグループについての実験をすることです。たとえば，どちら

の広告の手法がより多くの商品購入につながるかをテストする，といったことが当てはまります。A/B テストでは，処置群と呼ばれる特定の処置を受ける被験者のグループと，統制群と呼ばれる標準的処置または処置を受けない被験者のグループに分けて，両者間の効果を比較します。

　よくある例としては，web の見出しに統制群と処置群の 2 パターンを用意して，どちらの処置を受けたグループのほうが結果が良いかを測定するというものがあります。A/B テストの実例については，**第 6 章**の Column ⑤を参照してください。

　A/B テストを行う際の注意点としては，比較対象以外の条件を揃えることです。仮に A/B テストを行う際に比較対象以外の条件まで変わってしまったら，どの条件によって結果に差異があるのかを正しく測定することができません。また，処置群と統制群をサンプリングするときに，偏りがないようにサンプリングすることが重要です。仮に双方の属性に偏りがあった場合，結果の違いがサンプリングによるものか，処置の効果によるものかがわからなくなります。

2　仮説検定

　仮説検定とは，母集団について仮定された命題を，標本に基づいて検証することをいいます。仮説検定を行う際には最初に 1 つの仮説を立てます（帰無仮説）。その後それと対立する仮説を立て（対立仮説），その後サンプルが示した結果が，帰無仮説が正しい前提において出るはずのない稀なものであった場合，その帰無仮説を棄却して対立仮説を採用します。

　大まかな流れは以下のとおりです。
- ①　仮説を設定する
- ②　有意水準（帰無仮説を棄却する判断基準）を決定する
- ③　検証する
- ④　帰無仮説の棄却の判断をする

　また，仮説検定においては片側検定と両側検定と呼ばれるものがあります。片側検定は母数の大きさが理論的・経験的に予測される場合に使われます。たとえば，特別講習を行った場合に得点が向上したかを判断する場合などに使われます。一方，両側検定は，母数の値が目標値と等しいかどうかだけを調べる場合に使われます。たとえば，製造された製品が一定範囲の目標値に収まる規

格であるかを測定するのに利用します。

図表3－12　片側検定と両側検定

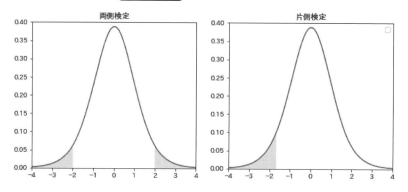

　また，監査サンプリングにおいては仮説検定における片側検定が用いられています。詳細については**第4章**を参照してください。

Ⅳ　まとめ

　本章では会計データサイエンスに必要な数学の知識を紹介しました。会計データサイエンスは，不確実性を伴って発生する会計データから，ビジネスに役立つ洞察を得るプロセスです。そこでは確率論と統計学の理解が欠かせません。データの加工，集計，可視化，推論の背景には，本章で扱ったような数学が存在しています。

　プログラミングは，ときに，数学的な理解がなくてもデータを簡単に扱えるように思わせてくれることがあります。しかし，会計データサイエンスの実践には数学の理解が必須です。本書においては，まずPythonと数学の簡単な理解を得て，とりあえず前に進んでみるという方法を採用し，必要と考えられる数学の知識をなるべく噛み砕いて説明しました。この章で扱った数学をより丁寧に学べば，会計データサイエンスを広く深く理解することができるでしょう。

参考文献

- 阿部真人（2021）『データ分析に必須の知識・考え方　統計学入門：仮説検定から統計モデリングまで重要トピックを完全網羅』ソシム

  > データ分析に必要な統計学の考え方と，統計分析手法の基礎知識についての入門書です。図解も豊富で難解さが少ないため，統計学を本格的に学びたい人の最初の1冊としてオススメです。

- 東京大学教養学部統計学教室編（1991）『統計学入門』東京大学出版会

  > 統計学入門のバイブルと言っても過言ではない名著です。統計学をイチから学びたい人は必ず手に取るべき1冊です。解説も豊富で例題もついているため，これ1冊で統計学の基本を習得することができます。

- 米国公認会計士協会［増田幸一編訳］（2018）『監査における統計的サンプリング法：米国公認会計士協会 Audit Guide 準拠』日本経済新聞出版社

  > 米国公認会計士協会が Audit Guide で解説している監査サンプリング手法が記載されている本です。数式を用いた解説も豊富に記載されているため，理屈から押さえたい人にはオススメです。

- 浜田宏・石田淳・清水裕士（2019）『社会科学のためのベイズ統計モデリング』朝倉書店

  > ベイズ統計を用いた統計モデリングの考え方と使い方を解説している本です。モデルの作り方を解説しているため基礎的とはいえませんが，ベイズについて学習するにはオススメです。

- 文部科学省（2020）『高等学校情報科「情報Ⅱ」教員研修用教材（本編）』
  https://www.mext.go.jp/a_menu/shotou/zyouhou/detail/mext_00742.html

  > 高校のカリキュラムに「情報Ⅱ」という科目が追加されたことから，新学習指導要領に対応した教員研修用として開発された教材です。データサイエンスに丸々1章使われているほどのボリュームかつ，初心者にもわかりやすく解説を行っていることから，最初の触りとして非常によい教材です。

| Column ② | カーネル密度推定 |

ここでは，本章で取り上げたカーネル密度推定について説明します。
ある点 x における確率密度 $p(x)$ は以下で与えられます。

$$p(x) = \frac{1}{N} \sum_{n=1}^{N} K_H(x, x_n)$$

　ここで x_n は n 番目の観測値であり，$p(x)$ は x と x_n が近いほど大きい値を
とる類似度関数 $K_H(x, x_n)$ の値を N 個すべての観測値で平均した値になりま
す。一般的に $K_H(x, x_n)$ には正規分布の確率密度関数が用いられます（正規
カーネル）。すなわち n 番目の観測値との近さを観測値 x_n を平均とする正規
分布の値にします。正規分布は平均で最大値をとるため，x が x_n と離れるほ
ど小さい値になります。正規分布のパラメータは平均に加えて分散があり，
この分散を変えることで分布の"幅"を変えることができます。正規カーネ
ルを用いたカーネル密度推定ではこの"幅"をバンド幅と呼び，推定した分
布のなめらかさの尺度として指定できます。
　正規カーネルを用いたカーネル密度推定は，pandas ライブラリの Series.
plot.kde() または DataFrame.plot.kde() を用いて描画できます。ヒストグ
ラム同様に自動で scipy.stats.gaussian_kde() を呼び出してくれます。

第2部
会計データサイエンスの実践

第 **4** 章

監査で使われる
統計的サンプリングツールを実装しよう

―― **Episode 4** ――

　竹山さんの会社で期末決算が始まり，それに伴い監査対応も始まりました。そんな中，残高確認状のサンプリング結果が監査法人から届きました。毎年恒例のイベントですが，会計データサイエンスを勉強し始めた竹山さんにはある疑問が生まれました。「内部統制監査の時に求められる請求書は 25 件であることが多いけど，その理由ってそもそも何だっけ。というか，残高確認状は 25 件にならないのは何でだ？」その理由を往査に来ている監査現場の主査に聞いてみたのですが，イマイチ的を射た回答をもらえず…。そこで，統計的サンプリングについて調べてみることにしました。

Ⅰ　本章の目的

　この章では，データサイエンスの重要な要素の1つである「統計」について解説を行い，監査法人で利用されているサンプルサイズの算定ツール・金額単位サンプリングツールについて，Python を用いて作成していきます。統計という言葉に身構える必要はありません。経理担当者が日常的に行っている経営分析資料作成や売上の増減分析等の中にも記述統計学と呼ばれる手法を用いているものがあるなど，実は無意識のうちに統計と接していることが多いのです。本章を通じて，経理・財務部の方であれば，基本的な統計の種類と監査法人がどのような手法でサンプリングを行っているのかを学んでいきましょう。また，監査法人の方は，改めて統計的な視点からサンプリングの理論を学んでいきましょう。

コード 4 − 1　▶

```
 1  # ライブラリのインポート
 2  # 統計等のライブラリ
 3  import numpy as np
 4  import pandas as pd
 5  import scipy as sp
 6  from scipy.stats import poisson
 7  from scipy.stats import binom
 8
 9  # 可視化ライブラリ
10  import matplotlib.pyplot as plt
11  import seaborn as sns
12  %matplotlib inline
13
14  # データの下準備
15  # googleDriveへのログイン
16  from google.colab import drive
17  # データのあるディレクトリを選択
18  %cd /content/drive/MyDrive/サンプルコード一覧/data/sec4
```

Ⅱ　統計学の基礎

1　統計学の種類

　「大学教育の分野別質保証のための教育課程編成上の参照基準 統計学分野」（日本学術会議が 2015 年に報告）において，統計学とは「データをもとに現象を記述し，現象のモデルを構築し知識を獲得するための方法論である」と定義されています。統計学は大まかに，記述統計学と推計統計学に区分されています。

2　記述統計学

　記述統計学とは，集団としての特徴を記述するために，観測対象となった各個体について観測し，得られたデータを整理・要約する方法です。たとえば，得たデータの代表値を計算したり，得られたデータを階層化したり，データをまとめグラフや表にすることも記述統計学の一種であり，これらの業務をExcel で実施している読者の方も多いのではないでしょうか。

　記述統計学におけるデータの整理や可視化のためのライブラリが豊富なのが

Pythonの大きな特徴の1つです。本章では，架空の多店舗経営の飲食店の売上データの分析を利用しながら，記述統計学の基本を学んでいきます。Pythonを用いてどのようにデータを読み込み，加工を行っていくか，その流れを掴んでいきましょう。

(1)　使用するライブラリ

今回は主にpandasとMatplotlibを使ってデータ分析を行います。

pandasとは，Pythonにおいてデータ解析を支援する機能を提供するためのライブラリであり，高性能な配列計算機能とスプレッドシートや（リレーショナル）データベースのデータを柔軟に操作する機能を持ってます。また，pandasはデータの表記ゆれや欠損値を置き換えるといった，前処理を行うための様々な機能を備えています。pandasの基本については**第2章**を参照してください。

(2)　データ分析実施

まずは分析対象である5拠点の飲食店売上データcsvの読み込みを行います。このデータはpandasを利用すると，**コード4－2**の上の1行で読み込むことが可能です。

コード4－2　▶

```
1  # 売上データの読み込み（同一ディレクトリにCSVファイルがある前提）
2  uriage_data = pd.read_csv('uriage_sample.csv')
3
4  # uriage_dataの先頭5行を表記（図表4－1）
5  uriage_data.head()
```

実行結果

図表4－1 読み込んだ売上データ（処理前）

	店舗名	日付	売上金額
0	東京駅	2018/1/1	0
1	東京駅	2018/1/2	0
2	東京駅	2018/1/3	0
3	東京駅	2018/1/4	0
4	東京駅	2018/1/5	0

（※）図表番号と図表のタイトルは便宜上付したものであり，実行結果の一部ではありません。以下のコードにおいても同様です。

pandasでデータを読み込んだ上で各種データ分析を行うことができます。ここでは時系列分析を行うため，月ごとの売上について見ていきます。グラフの描画はMatplotlibという可視化のためのライブラリを活用します。Matplotlibについても詳細は**第2章**を参照してください。

Matplotlibをインポートしたら，**コード4－3**のとおり，❶データの型を確認した上で，❷日付を文字列から日付系に変換，❸曜日の列を追加，❹月ごとのデータに変換します。

コード4－3① ▶

```
1  # ❶データの型を確認する
2  uriage_data.dtypes
```

実行結果

```
1  店舗名      object
2  日付        object
3  売上金額     int64
4  dtype: object
```

（コード4－3②） ▶

```
1  # ❷日付を文字列から日付系に変換する
2  uriage_data['日付'] = pd.to_datetime(uriage_data['日付'])
3  uriage_data.dtypes
```

▶ 実行結果

```
1  店舗名              object
2  日付       datetime64[ns]
3  売上金額             int64
4  dtype: object
```

（コード4－3③） ▶

```
1  # ❸曜日の列を追加する
2  uriage_data['year'] = uriage_data['日付'].dt.year
3  uriage_data['month'] = uriage_data['日付'].dt.month
4  uriage_data['weekday'] = uriage_data['日付'].dt.weekday
5  uriage_data.head()
6
7  # ❹月ごとのデータに変換する（図表4－2）
8  monthly_data = pd.pivot_table(uriage_data, index = ['month'], columns=
                                "year", values='売上金額', aggfunc='sum')
9  monthly_data
```

実行結果

図表4-2 月ごとの売上データ

month	year 2018	2019
1	18792230	19688302
2	18661016	18834489
3	29675302	28020594
4	32267984	33787346
5	18812765	18759314
6	19656198	18847933
7	18115961	19054750
8	16360073	15938380
9	20645062	21460308
10	25758297	26411646
11	22928288	21705576
12	37608475	37515629

そして，以下のようにグラフを描きます。

コード4-4

```
1  # グラフの可視化のためのコード（図表4-3）
2  x = monthly_data.index
3  w = 0.4
4  plt.bar(x, monthly_data[2018], width=w, label ='2018')
5  plt.bar(x+w, monthly_data[2019], width=w, label = '2019')
6  plt.legend(loc='best')
7  plt.show()
```

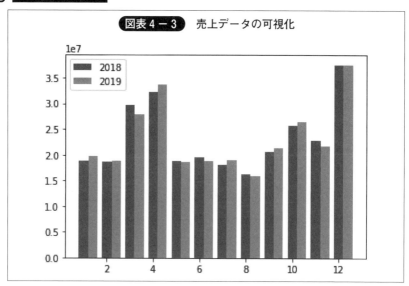

実行結果

図表4-3　売上データの可視化

(3)　分析結果の活用

　データを正しく効率的に読むための手段として記述統計学は有効であり，ビジネスの解決策を考えるための手がかりとなることが期待されます。上記のグラフを確認すると，3，4，12月の売上が突出しており，かつ8月の売上が他月に比較して小さいという事実が視覚的に明らかになります。これは，歓送迎会と忘年会シーズンによるもの，お盆休暇によるものといった，季節的な要因を知るきっかけを与えてくれるでしょう。

　ビジネスに記述統計学を活用するためには，実際にデータを眺めるだけではなく，データの裏側で起こっている事象を推測し，仮説検証を行い，次のアクションの糧にすることに留意しながら分析を行うことが重要になります。

3　推計統計学

　推計統計学とは，母集団からその一部を選び出し，それを分析することで，母集団全体に対して確率的に推測を行う学問です。これらは記述統計学の手法と確率論を融合させたもので，20世紀において確立された比較的新しい理論です。

　たとえば，選挙における出口調査や視聴率の測定などに推計統計学が利用されています。選挙における出口調査は選挙区の投票者全員を母集団として，その中からランダムに投票内容をヒアリングし，その結果を集計して母集団全体の投票内容を推測することで，当選者を予測します。推測された結果と実際の選挙結果とは多少の誤差はあるものの，結果的に母集団の特徴をおおむね表すものになります。

　監査実務においては，勘定科目の金額や取引件数を母集団として設定し，サンプルを抽出することで，勘定科目全体の誤りを推測することが行われています。後述する統計的サンプリングでは，推計統計学の理論に基づいてサンプリングが実施されており，推計統計学の理論なくして現代の監査実務は成立し得ないほど重要なものになっています。

(1) 使用するライブラリ

　公認会計士業務におけるサンプリングは，推計統計学の考え方に基づいて実施されているため，確率分布の内容の理解が必要になります。そのため，ここでは推計統計学で一般的に用いられる Python のライブラリを確認しましょう。Python には統計解析に役立つライブラリが充実しており，たとえば，NumPy や SciPy を用いることで，二項分布・ポアソン分布・正規分布等の典型的な分布関数を簡単に扱うことができます（**第3章図表3－2**参照）。SciPy を用いてポアソン分布を記述してみると，二，以下のように数行で確率分布を示すことができます（**図表4－4**）。

コード4－5 ▶

```
1   # ポアソン分布作成のためのコード
2   # 統計用ライブラリのインポート
3   import numpy as np
4   from scipy.stats import poisson
5   from scipy.stats import binom
6
7   # 散布図の作成
8   k = np.arange (30)
9   lamb = 10
10  pmf_pois = poisson.pmf(k,lamb)
11  plt.bar(k, pmf_pois)  # 出力結果は図表4－4
```

実行結果

図表4－4　SciPyを用いたポアソン分布

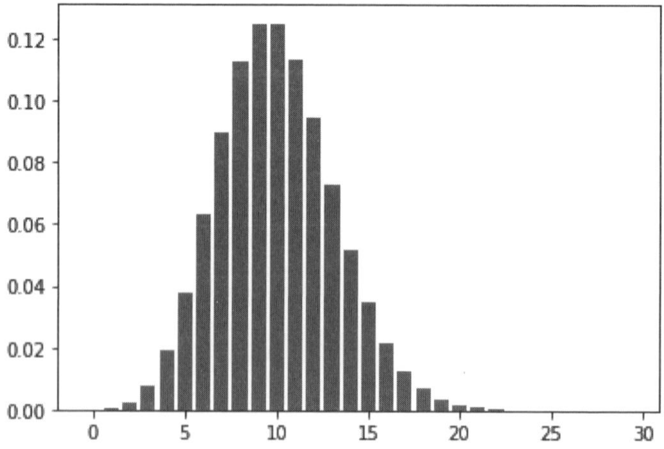

この分布では，十分大きい母集団の中で10回起こると考えられるような事象が，現実に何回起こるかということを示しています。他の種類の分布もライブラリを用いることで簡単に記述することができるので，興味のある方はNumPyやSciPyのリファレンスガイドを参照してみましょう。また，確率分布は様々な種類があるので，現象に即したモデルを作るためには，適切な分布を選ぶ必要があります。各分布の詳細については**第3章**および参考文献を参照してください。

(2)　前提知識としての仮説検定

もう1つ，監査サンプリング実装の前提として理解しておく必要があるのが「仮説検定」という考え方です（詳細は**第3章**を参照）。仮説検定とは母集団について仮定された命題を，標本に基づいて検証することをいいます。

仮説検定を行う際には最初に1つの仮説を立てます（帰無仮説）。その後，その帰無仮説と対立する仮説を立て（対立仮説），サンプルが示した結果が，帰無仮説が本当に正しければ出るはずのないズレたものであった場合，帰無仮説を棄却して対立仮説を採用します。

仮説検定は推計統計学において重要な考え方の1つであり，監査サンプリン

グを理解するための前提知識でもあります。仮説検定の考え方の実践は，後述
Ⅴ「統計的サンプリングの実装」の節を参照してください。

Ⅲ　監査におけるサンプリング

　監査対象に対して精査を実施することは費用対効果の側面から現実的ではな
いため，監査手続は原則として試査に基づくことと定められています。試査も
特定項目抽出による試査と監査サンプリングによる試査とに分類されますが，
今回は監査サンプリングによる試査を対象として解説していきます（監基報
500・A52(3)）。監査サンプリングとは，監査人が監査対象となった母集団全体
に関する結論を導き出すための合理的な基礎を得るため，母集団内のすべての
サンプリング単位に抽出の機会が与えられるような方法で，母集団内の100%
未満の項目に監査手続を適用することをいいます（監基報530・4(1)）。
　サンプリングによる試査の手順は大まかに以下のとおりです。
　(1)　母集団の特定
　(2)　サンプルサイズの決定
　(3)　サンプルの抽出
　(4)　抽出されたサンプルのテスト
　(5)　母集団全体の特性の評価
　監査人が監査サンプリングを実施する際には，母集団を対象に必要なサンプ
ルサイズの計算を行い，サンプルの抽出を行います。その後抽出されたサンプ
ルに対して監査手続（証憑との突合，契約書の閲覧など）を実施します。その
後監査手続の結果を用いて母集団全体の特性を評価します。なお，今回は(2)～
(3)についての説明を対象にしているため，サンプリング後に実施する監査手続
等の解説は省略します。また，サンプリングによる試査は，統計的サンプリン
グと非統計的サンプリングに分類されます。統計的サンプリングは以下の特性
を持ったサンプリング手法です（監基報530.4(4)）。
　①　サンプル項目の無作為抽出
　②　サンプリングリスクの測定を含めサンプルのテスト結果を評価するにあ
　　　たっての確率論の利用
　非統計的サンプリングは，統計的サンプリングの特徴を持たないサンプリン
グ手法であり，サンプルの抽出に判断を用います。

Ⅳ　統計的サンプリングの手法

　統計的サンプリングについてさらに詳しく見ていきます。統計的サンプリングは，以下の2つの特性を持ったサンプリング手法です。

1　無作為抽出（ランダムサンプリング）

　無作為抽出とは，母集団の各要素がサンプルに含まれる確率を等しく扱う方法です。抽出率を等しく設定するために，乱数表やコンピュータで発生させた疑似乱数が使用されることが多いですが，昨今においてはほとんどの場合コンピュータによる乱数が利用されます。

2　確率論の利用：サンプル数の決定等

　推計統計学の考え方は，サンプリングにあたり，サンプルサイズの決定，母集団全体の特性の評価に応用されます。サンプリングにおけるサンプルサイズ算定においては，監査人が要求する水準を上回る信頼度を得られるものであり，かつ，できる限り小さいサンプルサイズであることが望まれます。サンプルサイズの算定においては，サンプル中のエラー件数が確率分布に従うことを前提にしています。

　また，監査基準委員会報告書（監査基準報告書）において明示的に記載されていませんが，サンプルサイズの算定において仮説検定の考え方を利用しており，サンプルサイズは「これだけの件数を調べて，エラー数が k_e 個だけなら，大丈夫であろう」と判断できる件数として決めており，その判断には，仮説検定を用います（次の Ⅴ の1の(3)，(5)を参照）。

Ⅴ　統計的サンプリングの実装

1　属性サンプリングの実装

(1)　属性サンプリングとは

　属性サンプリングとは，母集団を構成している項目の属性（ある性質を持っているかいないかの二者択一が問題になる場合）に着目したサンプリング手法

のことをいいます。内部統制の有効性検証において，内部統制が有効か否かという二者択一の属性で母集団を検討する場合は，属性サンプリングを用いて監査手続を実施することが可能です。

(2)　前提条件の設定

　監査人が内部統制の運用評価のためのサンプルサイズの決定において，監査人の判断で，以下のパラメータの設定を行います。

> 許容逸脱率（p_t）：監査人が受け入れることのできる所定の内部統制からの逸脱率
> 予想逸脱率（p_e）：監査人が母集団の中に存在すると予想する所定の内部統制からの逸脱率
> 予想逸脱数（k_e）：サンプルサイズに予想逸脱率を乗じた数
> 有意水準（α）：帰無仮説を棄却する基準となる確率であり，監査人が設定する
> 信頼度（$1-\alpha$）：1から有意水準を引いた数

　今回の例においては，年間2,000件超の業務処理がなされている場合の内部統制の運用評価のために，パラメータを以下のように設定しました。

> 許容逸脱率（p_t）：10%
> 予想逸脱率（p_e）：0%
> 予想逸脱数（k_e）：$n \times p_e$
> 有意水準（α）：5%
> 信頼度：$1-\alpha$

(3)　仮説の設定

　サンプルサイズの算定においては，帰無仮説として「予定される内部統制の中で，これを遵守しない割合である逸脱率は，監査人が定めた許容逸脱率と等しい」と仮説を置きます。この例では，帰無仮説と対立仮説は以下のように設定されます。

> 帰無仮説：母集団の逸脱率は許容逸脱率10%に等しい
> 対立仮説：母集団の逸脱率は許容逸脱率10%より小さい

　その仮説を前提に確率分布に則りサンプルサイズを算定します。

⑷　サンプルサイズの算定

　監査人は，効果的かつ効率的な監査実施のために，十分なサンプルサイズを決定するというニーズがあります。そのため，許容逸脱率・予想逸脱率・有意水準（信頼度）等を決定したら，帰無仮説を棄却するために必要なサンプルサイズを求めます。

　前述の条件を二項分布を用いた以下の数式に当てはめます。二項分布とは，n 回の独立な試行で，1回の成功確率が p_T のときの成功回数が従う確率分布です。

$$\sum_{x=0}^{k_e} {}_nC_x \, p_T{}^x (1-p_T)^{n-x} \leqq \alpha$$

　この数式は，サンプルサイズのうち予想逸脱数が k_e 件である確率が，有意水準より小さいかを示す式になります。この数式の条件を満たす n を求めると，サンプルサイズは 29 件と算定されます（**コード4－6**）。サンプルサイズを算定した後にサンプル抽出をする際には，乱数を利用してサンプルを選定します。

コード4－6　▶

```
1   # 二項分布におけるサンプル数算定関数の作成
2   def sample_binom(pt, alpha, ke):
3       k= np.arange(10)
4       n = 1
5       while True:
6           bin_cdf = binom.cdf(k, n, pt)
7           if bin_cdf[ke] < alpha:
8               break
9           n += 1
10      return n
11
12  # 許容逸脱率の上限
13  pt = 0.1
14  # 有意水準
15  alpha = 0.05
16  # 予想逸脱数
17  ke = 0
18
19  print(sample_binom(pt, alpha, ke))
```

実行結果

```
1  29
```

(5)　仮説検証結果：サンプルサイズの妥当性判断

　許容逸脱率が10％に基づく二項分布において，エラー件数が0になる確率は5％未満です。この確率分布を SciPy と Matplotlib を用いて可視化すると**図表4－5**のとおりになります。抽出された29件のサンプルに対して手続を実施した結果エラー件数が0件だった場合，帰無仮説の前提下においては，5％未満という有意水準を下回る事象といえます。

コード4－7

```python
from scipy.stats import binom
k = np.arange(10)
bin_pmf = binom.pmf(k, 29 ,0.1)
bar = plt.bar(k, bin_pmf)
bar[0].set_color('salmon')
```

実行結果

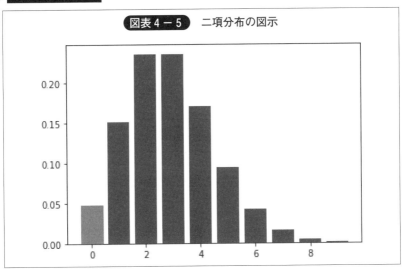

図表4－5　二項分布の図示

　この結果を受けて，この帰無仮説は筋が悪いのではないかと判断し，「母集団の逸脱率は許容逸脱率10%より小さい」という対立仮説を採用します。これにより，「母集団の中のエラーの割合が許容逸脱率よりも小さい」という結論を得ることができます。

　なお，信頼度や予想逸脱率の値は，監査人がリスク等に応じて変動させるものです。数値の変更がサンプルサイズに与える影響については，各自で記載のコードを用いてシミュレーションすると理解が深まるでしょう。また，「内部統制監査において日常反復的な取引のサンプルは25件ではないか」と思う読者も一定数いるかと思います。今回の計算結果が29件で，内部統制監査では25件である理由の解説は章末に記載しています。

2　金額単位サンプリングの実装

(1)　金額単位サンプリングとは

　金額単位サンプリングとは，金額サンプリングの1つで，属性サンプリングの考え方を金額サンプリングに適用したサンプリング手法です。この方法の1つの利点は，金額が多額の項目の抽出機会がより多くなるので，それらの項目に監査の重点を置き，結果としてより少ないサンプルサイズとすることができる点にあります。基本的な考え方と利用する分布については属性サンプリングと変わりませんが，利用する数値が**図表4－6**のように異なります。これは，属性サンプリングが項目数を母集団にしているのに対して，金額単位サンプリングが項目の合計金額を母集団にしているためです。

図表4－6　各サンプリングで利用する数値

属性サンプリング	金額単位サンプリング
母集団の項目数 予想逸脱率（予想逸脱数÷母集団の項目数） 許容逸脱率（許容逸脱数÷母集団の項目数）	母集団の合計金額 予想逸脱率（予想逸脱金額÷母集団の合計金額） 許容逸脱率（許容逸脱金額÷母集団の合計金額）

(2)　前提条件

今回の例において，サンプリング条件は以下のとおりとします。

母集団の金額：760,890,000 円

許容逸脱金額：　40,000,000 円

予想逸脱金額：　　　　　　 0 円

有意水準：5 %

(3)　サンプリングの実施

今回は金額単位抽出法を用いてサンプリングを実施します。今回のサンプリングの流れは以下のとおりになります。

①　サンプルサイズの算定	確率分布に当てはめて算定する
②　母集団の並び替え	乱数にて並び替え（今回は pandas の sample 関数を利用）
③　累積金額をもとにサンプリング区間で母集団をグループ化	np.cumsum にて累積金額を算定し累積金額をサンプリング区間で除することでサンプルがどのグループに属するかを決定
④　サンプルの抽出	各グループの先頭に属するサンプル項目を選択する

①　サンプルサイズの算定

今回の場合，母集団の予想逸脱率が十分に小さく，サンプルサイズが十分であることからポアソン分布にて計算を行います。ポアソン分布の数式は以下のとおりです。

$$P(x) = \frac{\lambda^x e^{-\lambda}}{x!} < \alpha \ (x = 0, 1, 2\cdots)$$

ポアソン分布の計算自体は SciPy を利用して実行するものとして，サンプルサイズを算定するためのコードは以下のとおりです。

コード4－8　▶

```
1  # ポアソン分布による金額単位サンプリングによるサンプル数算定の関数
2  def sample_poisson(N, pm, ke, alpha):
3      k = np.arange(ke+1)
4      pt = pm/N
5      n = 1
6      while True:
```

```
 7          mu = n*pt
 8          pmf_poi = poisson.cdf(k, mu)
 9          if pmf_poi.sum() < alpha:
10              break
11          n += 1
12     return n
13
14  # 母集団の金額合計
15  N = 760890000
16  # 重要性の基準値
17  pm = 40000000
18  # 予想虚偽表示金額
19  ke = 0
20  alpha = 0.05
21
22  # サンプルサイズnの算定
23  n = sample_poisson(N, pm, ke, alpha)
24  print(n)
```

⇨ 実行結果

```
1  57
```

　計算の結果，サンプルサイズは57件と算定されます。

②　母集団の並び替え

　金額単位サンプリングは，母集団を構成するサンプリング単位数をサンプル
サイズで割ることでサンプル間隔を求める系統的抽出法と一緒に利用されるこ
とも多いです。しかし，金額単位抽出のみを行うと，母集団の並び順がサンプ
リングに影響を及ぼすことがあるため，金額単位サンプリングを行う前に，属
性サンプリングと同様，乱数を利用して母集団の並び替えを行うことが望まし
いでしょう。そうすると，母集団の項目がランダムに並び替えられるため，
「サンプルリストの一番最初の項目が必ずサンプルとして選択される」といっ
たことを防ぐことができます。

　今回のコードの場合においてはpandasのsampleという機能を使って並び
替えを行いました。**コード4－9**のとおり，母集団データを読み込み，数字の
カンマを抜くなどの処理を行った後，**コード4－10**のように並び替えを行い
ます（**図表4－7**参照）。

コード4－9　▶

```
1  # 母集団データの読み込み
2  recievable_data = pd.read_csv('sample-receivable.csv',
                                 names=['company_name', 'amount'])
3  recievable_data.head()
4  # データ型の読み込み
5  recievable_data.dtypes
6  # 数字までobject型になっているので，カンマを抜いてint型に変換している
7  recievable_data['amount'] = recievable_data['amount'].str.replace(',',
                                                       '').astype(int)
8  recievable_data.dtypes
9  # 母集団のデータの金額が正しいかの確認
10 recievable_data['amount'].sum()
```

（※）実行結果は省略

コード4－10　▶

```
1  # サンプルの並び替え（図表4－7）
2  # random_stateを使って乱数のシードを設定する
3  shuffle_data = recievable_data.sample(frac=1, random_state=0)
4  shuffle_data.head()
```

▷ 実行結果

図表4－7　母集団並べ替え後のデータ

	company_name	amount
208	株式会社0209	420000
188	株式会社0189	160000
12	株式会社0013	25580000
221	株式会社0222	300000
239	株式会社0240	130000

③　累積金額欄の作成および母集団のグループ化

　乱数により母集団データの並び替えを実施した後，母集団のグループ化を行います。母集団の金額を積み上げ合計する列を作成し，その金額をサンプリング区間で除することで，母集団の各項目がどのサンプリング区間に含まれるか

グルーピングを行います。グルーピングの結果，以下のようにグループ分けがされました。グループは**図表4－8**の5列目に記載されています。

コード4－11 ▶

```
1  # サンプリング区間の算定
2  m = N/n
3
4  # 列の追加
5  shuffle_data['cumsum'] = shuffle_data['amount'].cumsum() # 積み上げ合計
6  shuffle_data['group'] = shuffle_data['cumsum']//m # サンプルのグループ化
7  shuffle_data.head()
```

⯈ 実行結果

	company_name	amount	cumsum	group
208	株式会社0209	420000	420000	0.0
188	株式会社0189	160000	580000	0.0
12	株式会社0013	25580000	26160000	1.0
221	株式会社0222	300000	26460000	1.0
239	株式会社0240	130000	26590000	1.0

図表4－8　母集団のグループ化後のデータ

④　サンプルの抽出

各グループの先頭に属する項目，つまりグループ中で一番積み上げ金額（cumsum）が小さいものをサンプルとして抽出します（**図表4－9**）。その結果，53件のサンプルが抽出されました。当初想定したサンプルサイズよりもサンプルが少なくなっているのは，金額が多額の項目に抽出機会がより多くなるため，結果として金額の大きい項目が複数抽出されるからです。

コード4－12 ▶

```
1  # グループから一番最初に選ばれたものを抽出
2  result_data = shuffle_data.loc[shuffle_data.groupby('group')['cumsum'].
                        idxmin(), ['company_name', 'amount', 'group']]
```

```
3 | result_data
```

実行結果

図表 4 － 9　抽出したサンプル一覧

	company_name	amount	group		company_name	amount	group
208	株式会社0209	420000	0.0	2	株式会社0003	10530000	30.0
12	株式会社0013	25580000	1.0	86	株式会社0087	7360000	31.0
136	株式会社0137	340000	2.0	41	株式会社0042	6030000	32.0
15	株式会社0016	14440000	3.0	14	株式会社0015	13260000	33.0
74	株式会社0075	4590000	4.0	62	株式会社0063	6910000	34.0
286	株式会社0287	150000	5.0	93	株式会社0094	7530000	35.0
8	株式会社0009	5390000	6.0	36	株式会社0037	6340000	36.0
5	株式会社0006	16900000	7.0	0	株式会社0001	14980000	37.0
89	株式会社0090	9320000	8.0	240	株式会社0241	270000	38.0
34	株式会社0035	7430000	9.0	48	株式会社0049	7670000	39.0
139	株式会社0140	250000	10.0	23	株式会社0024	22130000	40.0
7	株式会社0008	24300000	12.0	78	株式会社0079	2680000	41.0
26	株式会社0027	14750000	13.0	68	株式会社0069	8100000	42.0
63	株式会社0064	5030000	14.0	274	株式会社0275	160000	43.0
20	株式会社0021	11670000	15.0	82	株式会社0083	7330000	44.0
27	株式会社0028	12460000	16.0	11	株式会社0012	18680000	45.0
97	株式会社0098	1430000	17.0	65	株式会社0066	2950000	46.0
44	株式会社0045	3550000	18.0	1	株式会社0002	19030000	47.0
18	株式会社0019	14050000	19.0	42	株式会社0043	8500000	48.0
83	株式会社0084	6070000	20.0	17	株式会社0018	4530000	49.0
29	株式会社0030	25930000	22.0	38	株式会社0039	9740000	50.0
56	株式会社0057	8220000	23.0	28	株式会社0029	29650000	52.0
4	株式会社0005	8210000	24.0	202	株式会社0203	450000	53.0
67	株式会社0068	1890000	25.0	72	株式会社0073	5170000	54.0
13	株式会社0014	17960000	27.0	70	株式会社0071	8170000	55.0
3	株式会社0004	19770000	28.0	87	株式会社0088	7040000	56.0
19	株式会社0020	5410000	29.0				

　たとえば，上記サンプル No.11 については，金額がサンプリング区間の2倍弱と多額であるため，金額グループ 11，12 の両者でサンプル抽出されました。その結果として抽出されるサンプルサイズが小さくなります。

図表 4 – 10　サンプルの抽出イメージ

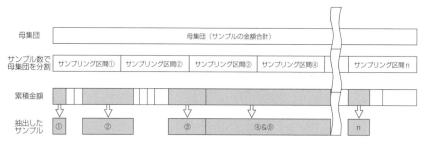

各サンプリング区間に一番最初に含まれるサンプル項目が抽出される
サンプル項目の金額によっては，複数のサンプリング区画で選定されることもある。

Ⅵ　まとめ

　本章では Python を使い，記述統計学，推計統計学を会計実務に役立てていく例を取り上げました。Python で行うデータ分析の基本的な考え方は，Excel で行う分析と似通っている部分もあります。しかし，Excel では処理できないほどの大量のデータを扱うことができること，ロジックの可視化による再現性の高さ，多種多様なライブラリを活かした高度な分析の実施が期待できます。

　また，統計学の知識はデータサイエンスにおいて必要不可欠な分野ですので，本書をきっかけとして，ぜひ統計学の勉強を始めましょう。数学的理論等の背景については，**第3章**や後述の参考文献を利用すれば，より深い理解が得られます。

参考：確率分布の近似
　確率分布をうまく活用するためには代表的な分布同士の関係性をよく理解しておく必要があります。一番厳密な分布は非復元抽出を前提とした超幾何分布と呼ばれるものです。これはサンプルサイズに対して母集団のサイズが十分に大きい場合は二項分布によって近似できます。また，確率が十分に小さく母集団が十分に大きいときは，その二項分布をポアソン分布によって近似できます。

超幾何分布や二項分布には計算の厳密性，ポアソン分布には計算実行の安定性があるため，PC環境やサンプルサイズに合わせてどの分布を使うかを検討することが実務上は重要です。詳細は富田ほか（2009）に記されているため，興味のある読者は一読することをオススメします。

参考：内部統制実施基準におけるサンプルサイズ算定根拠

「財務報告に係る内部統制の評価及び監査に関する実施基準」においては，「日常反復継続する取引について，統計上の二項分布を前提とすると，90％の信頼度を得るには，評価対象となる統制上の要点ごとに少なくとも25件のサンプルが必要になる」と記載されています（Ⅲ4(2)①ロa）。このサンプルサイズ算定に利用される信頼度は90％，許容逸脱率は9％であり（監査・保証実務委員会報告第82号），本章で利用した条件とは異なります。

当該基準で示されているサンプルサイズはあくまで一例であり，実務上，監査人はリスク等に応じて予想逸脱率を修正してサンプルサイズの拡大が必要であるかどうかを検討することが求められます。興味のある読者は，当該基準の統計的サンプルサイズの例示や米国公認会計士（USCPA）協会が記載しているサンプリング表と，後述のサンプルコードの値を変えながら結果を比較してみてください。また，サンプリングの理論的背景をもっと深く学びたい方は，参考文献を（富田ほか，2009），確率分布の実装方法については SciPy のリファレンス（https://docs.scipy.org/doc/scipy/reference/）を参照しましょう。

 参考文献

- 新井康平（2018）「管理会計の『確率・統計』：マネジャーのための統計的経営分析7つ道具」『企業会計』Vol.70 No. 6：42-51頁。
  > 本書で解説をしている統計分析手法が，管理会計でどのように利用されているのかを解説しているので，具体的な活用事例を知りたい方にとって役に立つと思います。
- 塚本邦尊・山田典一・大澤文孝（2019）『東京大学のデータサイエンティスト育成講座：Pythonで手を動かして学ぶデータ分析』マイナビ出版
  > 実際に手を動かしながらPythonやデータサイエンスのスキルを学ぶための本です。かなり丁寧にコードが解説されているため，手を動かして学びたい方には最適です。統計学や数式の意味については記載されている参考文献を参考に読み進めていくのがオススメです。

- 東京大学教養学部統計学教室編（1991）『統計学入門』東京大学出版会

  > 統計学入門のバイブルと言っても過言ではない名著です。統計学をイチから学びたい人は必ず手に取るべき 1 冊です。解説も豊富で例題もついているため，これ 1 冊で統計学の基本を習得することができます。

- 富田竜一・西山都・石原佳和（2009）『Q&A 監査のための統計的サンプリング入門（改訂版）』金融財政事情研究会

  > 2009 年出版とやや古い内容にはなりますが，監査サンプリングに用いられている統計的手法について解説をしています。数式での解説が多くなく数学に苦手意識のある方にもオススメです。また，付属の Excel を用いながら学習すると効果的です。

- 米国公認会計士協会［増田幸一編訳］（2018）『監査における統計的サンプリング法：米国公認会計士協会 Audit Guide 準拠』日本経済新聞出版社

  > 米国公認会計士協会が Audit Guide で解説している監査サンプリング手法が記載されている本です。数式を用いた解説も豊富に記載されているため，理屈から押さえたい人にはオススメです。

- 浜田宏・石田淳・清水裕士（2019）『社会科学のためのベイズ統計モデリング』朝倉書店

  > ベイズ統計を用いた統計モデリングの考え方と使い方を解説している本です。モデルの作り方を解説しているため基礎的とはいえませんが，ベイズについて学習するにはオススメです。

- Wes McKinney 著，瀬戸山雅人，小林儀匡，滝口開資訳（2018）『Python によるデータ分析入門 第 2 版：NumPy，pandas を使ったデータ処理』オライリー・ジャパン

  > pandas の利用方法を中心としたライブラリの利用方法について書いた 1 冊。辞書的に利用することがオススメです。

Column ③ サンプルサイズとサンプル数

サンプルサイズとサンプル数という言葉の意味は，以下のように定義されています。

英語	日本語	意味
sample size	サンプルサイズ	標本の大きさ
a number of samples	サンプル数	標本自体の数

以下のように 2,000 件のデータがある母集団 N の中から 25 件のデータを 2 回抽出した場合，サンプルサイズはそれぞれ 25 件であり，サンプル数は 2 つとなります。

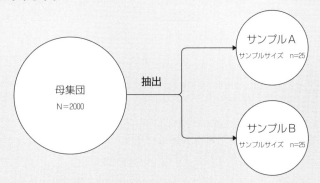

サンプルサイズとサンプル数は混同されやすいので，使い方を誤らないように注意しましょう。

監査基準報告書におけるサンプル数という表記

監査基準報告書 530「監査サンプリング」では，母集団から抽出した項目の件数が「サンプル数」と記載されています。実は日本版クラリティプロジェクトによる改正前から「サンプル数」という言葉が使われていました。

当該基準のもととなった ISA530「Audit Sampling」や米国公認会計士協会（AICPA）が公表している AU-C Section 530「Audit Sampling」では，日本基準とほぼ同様の内容が記載されていますが，この中では母集団から抽出した項目数のことを「sample size」と記しています。両者が同様の意味で使用されているのであれば，翻訳の際に，「サンプルサイズ」と訳すべきところ「サンプル数」と翻訳してしまった可能性があります。

このように，専門用語には混同しやすいものが存在するため，よく気をつけて使用しましょう。

第 **5** 章

会計データの特徴を理解して
将来の売上を予測しよう

── Episode 5 ──

経理部長が「この店舗の売上って将来どうなるんだろうなぁ？」とぼやいているのを聞き，月次で試算表を作っていて数字は見ているけど，確かに将来の売上数値を意識したことはなかったと竹山さんは思いました。なんとなく増えているような気もするけど，月ごとに違うようにも見えるし，規則性があるようにも見えます。データサイエンスの知識を使ってこの数値の特徴を「見える化」してみれば何かわかるかも！　そうするうちに竹山さんは，売上数値がなぜ変動するのか，他のデータと組み合わせて分析したくなっていきました。

Ⅰ　本章の目的

　この章では，「時系列データ」について解説を行い，季節変動のある売上データの特徴を踏まえた将来の売上予測をグラフに出力していきます。データ分析を行う際に足元をすくわれやすいポイントとして，元となるデータの理解不足や分析結果を間違って解釈することが挙げられます。この章では，特に会計データの特徴，手法の特性を理解した上で分析を進めていくことを意識しましょう。また今後の分析も見据えて，企業において会計データとビジネスデータをどのように保存することが必要なのかについても考えていきます。

Ⅱ　会計データの特徴

　データサイエンスの視点から会計データを繙くとき，会計データにはどのような特徴が見られるでしょうか。まずは1つの仕訳データを見てみましょう。

| 1月10日 13:40 | （借）現金 | 100 | （貸）売上 | 100 |

この非常に簡易な仕訳データには，次の情報が含まれます。

- どの会計年度に属するかを示す年月日や入力時刻を表示する時間データ
- 勘定科目ラベルデータ
- 各勘定科目の金額の増減を表現する数値データ

こうしたデータには，以下のような特徴があります。

- 仕訳データは取引や事象の結果が確定した場合に起票され，ほとんどの場合は金銭的な価値の変動についてエビデンスが付与される等の検証プロセスを経る
- 見積りの要素が入らなければ，測定誤差はほとんど生じない
- 同じ取引であれば同じ処理をするという一定の会計慣行の中で生成される
- 会計データ自体が財務報告用の基礎情報であり，意思決定との関連性や信頼性を備えているべきという社会的要請に応えている前提がある。つまり，データサイエンスの対象データとしても非常に信頼性の高いデータ群である（なお，会計上の見積り等の未確定の将来に対する予測が含まれる場合には，財務諸表利用者と経営者との間に生じる利害対立によって，会計情報にはバイアスが生じうる）
- 1つひとつの仕訳データは，企業の内部統制や各仕訳の性質によって例外はあるものの，原則的には事象が発生したタイミングで起票される

このような事象が発生したタイミングに意味を持つデータを「点過程データ」と呼ぶことがあります。たとえば，スーパーのレジを想像してみてください。

図表 5－1 は顧客がレジに来るタイミングと商品点数の量を記録した架空のデータです。点過程データはしばしば図表 5－1 のように棒グラフで示されます。棒が密な時間もあれば，疎な時間もあることが読み取れます。今回は手元にある時系列データを pandas と Matplotlib というライブラリを使用して，データの処理やグラフ化を行い，特徴を読み取ってみていきます（コード 5－1）。このようなデータの可視化も，Python の得意領域です。

コード5－1　▶

```
1  # ライブラリの読み込み
2  import pandas as pd
3  import numpy as np
4
5  # 可視化ライブラリの読み込み
6  import matplotlib.pyplot as plt
7  import matplotlib as matplotlib
8  %matplotlib inline
9
10 # googleDriveへのログイン
11 from google.colab import drive
12 drive.mount('/content/drive')
13 %cd /content/drive/MyDrive/サンプルコード一覧/data/sec5
14
15 #【図表5－1】点過程データの描画
16 # Drive上のcsvファイルの読み込み（ファイルを保存したディレクトリを指定）
17 df_tenkatei = pd.read_csv('demodata2.csv', skiprows=0, header=[0])
18 # グラフの描画
19 df_tenkatei.plot.bar()
```

➡ 実行結果

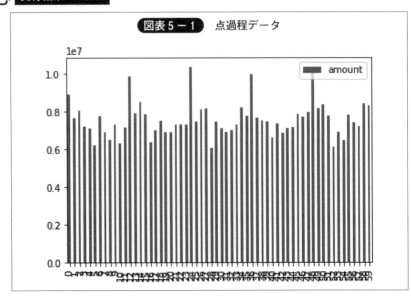

図表5－1　点過程データ

　経理の実務においては，このような仕訳データを1カ月分積み上げて，月次の合計残高試算表を作成します。一定間隔で測定され，時間経過によって値が変動するようなデータは，時系列データと呼ばれています。ゆえに，合計残高試算表は，毎月作成され，値が変化するという点で時系列データといえます。合計残高試算表の1つの勘定科目の推移を見ると，1つ前の測定データと次の測定データの関係は不明ではありますが，直線的に補間するという前提を置くことで折れ線グラフで表現することもできます。

　点過程データと時系列データは時刻と何らかの情報が含まれるという点で非常によく似た性質を持ちます。点過程データはイベントの発生タイミング，それに伴う何らかの量が確率過程から実現したと見る分析手法が使われます。一方，時系列データは等間隔にデータが記録されることが前提であることから，値そのものや値の変化や変化率などが確率過程から実現したものとして扱われます。このときの確率過程を時系列モデルと呼びます（**図表5－2**）。実際にサンプルデータを使って，時系列データを描画してみましょう。

コード5－2　▶

```
1  # 【図表5－2・図表5－3】時系列データの描画と移動平均線の描画
2  # Drive上のcsvファイルの読み込み（ファイルを保存したディレクトリを指定）
3  df_sales = pd.read_csv('demodata2.csv', skiprows=0, header=[0])
4
5  # 移動平均の計算
6  df_ma = df_sales.amount.rolling(window=12).mean().shift(-6)
7  df_cma = df_ma.rolling(window=2).mean()
8
9  # グラフの描画（図表5－2）
10 df_sales.amount.plot()
11
12 # グラフの描画（図表5－3）
13 df_sales.amount.plot()
14 df_cma.plot()
```

実行結果

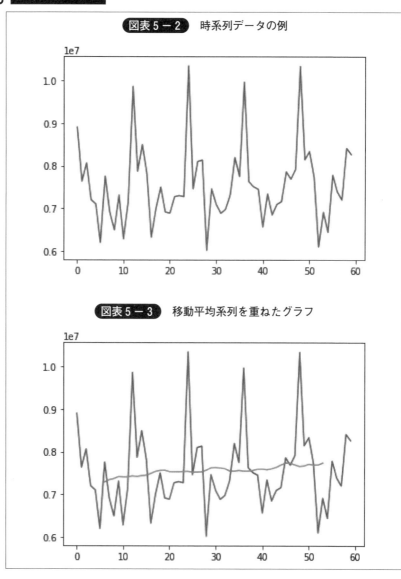

図表5－2　時系列データの例

図表5－3　移動平均系列を重ねたグラフ

　次節では，時系列分析についての前提となる知識を交えながら，月次の売上
データを時系列データと捉え，特徴を分析していきます。

Ⅲ　時系列データ分析

　時系列データ分析の目的は，時間とともに推移するデータの特徴を把握した
り，将来予測を行うことです。このときに原系列（元データ）の性質に合わせ
て，原系列の対数値をとった対数系列や差分値をとった階差系列などに直すこ
とで，原系列では見えてこなかった特徴を発見することもあります。また，こ
れらの操作には，時系列データを自己回帰型モデル等でモデル化していく際の
前提となる定常性を持つデータに近づけるという重要な意味を持ちます。

　時系列データには，データによって様々な構造があり得ますが，**図表 5 ― 4**
のような要素の組み合わせで表現されます（島田，2019）。今回は，一店舗の売
上データをもとに分析を進めていきましょう。

　まずは原系列（元データ）をそのまま分析するところからスタートです。**図
表 5 ― 2** の時系列データは，架空の店舗の売上 5 年分の折れ線グラフです。観
察してみると山と谷が一定の周期（今回は 12 カ月）で生じていることから，
季節変動が含まれることが読み取れます。

図表 5 ― 4　時系列データの構成要素

自己相関	時点の違うデータとの関係性
傾向変動（トレンド）	時間経過により増加／減少する長期的な変動
季節変動	同一のサイクルで繰り返される固定的な変動
不規則変動	上記では説明のし得ない，不規則な変動

　しかし，この折れ線グラフだけでは売上が上昇トレンドにあるのか下降トレ
ンドにあるのかわかりません。このような場合には，12 カ月移動平均をとり
季節変動を除去してみましょう。**図表 5 ― 3** を見ると季節変動をとったトレン
ドは緩やかな上昇トレンドにあることがわかります。

　トレンドを抽出したように季節変動のパターンも抽出して観察してみましょ
う（**コード 5 ― 3**）。今回のデータでは 12 カ月周期であることを前提に，季節変
動による影響を示す季節指数を計算してみます。季節指数の算定には，各月の

売上をサンプル年数分平均し平均売上を算出，各月の平均売上の12カ月分の合計値が1,200になるように割り返し，季節指数を各月に配分する手法を用いています（**図表5-5**）。

コード5-3 ▶

```
1   #【図表5-5】季節指数の計算と描画
2   # 原系列/中心化移動平均系列
3   df_sales_div_cma = df_sales.amount/df_cma
4   sales_div_cma = df_sales_div_cma.values
5
6   # 月ごとに加算
7   season_index = np.zeros(12)
8   counter = np.zeros(12)
9
10  for i in range(len(sales_div_cma)):
11      if(pd.notnull(sales_div_cma[i])):
12          season_index[i%12] += sales_div_cma[i]
13          counter[i%12] += 1
14
15  # 月別平均売上の算出
16  season_index /= counter
17
18  # 各月平均売上の12カ月分の合計値が1200になるように割返
19  season_index = season_index / season_index.sum()*1200
20  x = pd.Series(season_index, index=["4", "5", "6", "7",
                  "8", "9", "10", "11", "12", "1", "2", "3"])
21  plt.plot(x, label="seasonal index")
22  plt.legend()
```

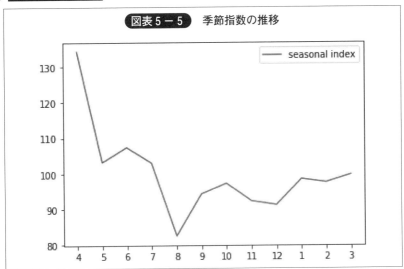

抽出した季節変動を見てみると，この店舗では期初に売上のピークが到来し，期央に閑散期がありそうです。たとえば，4月は新入生で賑わい，夏休みは少し静かになる学生街の小売店のようなものが想像できそうです。データを解釈する段階では，実店舗の所在地やターゲットとする顧客特性なども理解し，データの向こう側にある消費者の行動と結び付けていくことが肝要です。

Ⅳ　将来の売上の予測

　将来の売上の予測を行うために，自己回帰型のモデルを選択し，可視化を行います。自己回帰型モデルの代表的なモデルといえば自己回帰モデル（ARモデル）です。自己相関の強いデータに適したモデルであり，直前の値に影響されたり，周期的なふるまいをするデータなどのモデリングに適しています。
　たとえば，飲食店や小売業といった，季節変動性があるビジネスの売上予測に活用することが想定されます。そのほか，トレンド要素や季節変動要素を取り入れた発展形のモデルである，季節変動自己回帰和分移動平均モデル（SARIMAモデル）があります。またファイナンスの文脈などでは，ボラティリティの変動を表現するARCHモデルなどが用いられています。

　これまでの可視化により，この店舗の売上データには，緩やかな上昇トレンドや季節性があることが読み取れています。そこで季節変動や上昇トレンドを含んだデータを扱うことができる SARIMA モデルを用いて，将来の売上を推定していくことにしましょう。こうした難しそうな統計的なモデルも，統計解析に強みを持つ Statsmodel というライブラリを読み込むことで，簡単に利用できます（**コード5-4**）。

コード5-4 ▶

```
1  # 【図表5-6】sarimaモデルの予測値の描画
2  # statsmodelが読み込める形式にデータ型を変換する。
3  # float型への変換
4  df_sales.amount = df_sales.amount.astype('float64')
5
6  # datetime型への変換
7  df_sales.time = pd.to_datetime(df_sales.time)
8  y = pd.Series(df_sales["amount"].values, index = df_sales['time'])
9  y = y.astype('f')
10
11 # statsmodelのインポート
12 import statsmodels.api as sm
13
14 # sarimaモデルの利用
15 # 実データのうち50個を切り出して学習元データとする
16 train_data = y[y.index < "2019-06"]
17
18 # orderおよびseasonal_orderは総当たり法でaicが最小となるものを今回はあ
     らかじめセットしている。
19 # 各自のデータで分析を行う際は，異なる次数でも試してみてほしい。
20 result = sm.tsa.SARIMAX(train_data, order=(2, 1, 3),
21                         seasonal_order=(1, 1, 1, 12),
22                         enforce_stationarity = False,
23                         enforce_invertibility = False
24                         ).fit()
25
26 # 予測データの出力
27 pred = result.predict('2019-06-01', '2022-05-01')
28
29 # 実データと予測結果の図示
30 # 今回は，実データと予測データを重ねてプロットすることで，モデルのフィ
     ッティング状況を視覚的に確認している。
31 # 残差や偏自己相関も試してみてほしい。
32 plt.plot(y, label="observation")
```

```
33 | plt.plot(pred, "--", label="pred")
34 | plt.legend()
```

実行結果

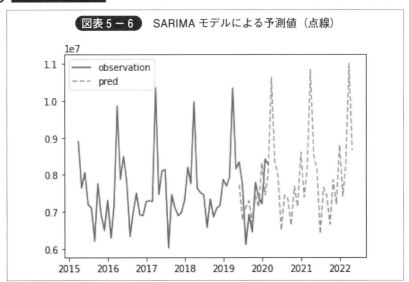

図表5－6　SARIMAモデルによる予測値（点線）

図表5－6の点線がSARIMAモデルによる予測値です。今回は4年分のデータをもとにSARIMAモデルを作り，5年目のデータは元データ（実線）と重ねて表示しています。5年目の元データと点線の予測データはおおむね似たようなラインを辿っていることが見て取れることから，モデルの有用性が感じとれます。

　点線はモデルによる予測値です。緩やかな上昇トレンドと季節変動を表現できています。季節変動やトレンドを加味した予測値は，販売予測，最適発注量の必要量や月ごとの販売目標の設定，マーケティング効果の予測等に利用することができます。

　今回使用したモデルは時系列データに適合しているという前提で説明を行っていますが，実際に自己回帰型モデルを使ったモデリングを行う際には，妥当性の検証が重要なプロセスとして必要です。「対象データにどのモデリング手法を適用すべきか？」，「作成したモデルは対象データをどの程度表現できているか？」といったことを検討する必要があります。詳細は本章の参考文献の図

書を参照してください（島田，2019；沖本，2010；馬場，2018）。

　自己回帰モデルを用いた時系列データ分析は，月次の会計データを入手できれば，すぐに着手できる強力な手法です。その便利さの正体は，ブラックボックス化（森棟ほか，2015）にあります。

　現実世界でのビジネスの活動は，様々な外部要因・内部要因が常に複雑に絡み合うシステムです。そのシステムに，顧客や営業スタッフなどの活動や経営資源がインプットされ，財・サービスの提供や売上の発生などのアウトプットが測定されます。自己回帰モデル等は，そうした要因やインプットの及ぼす影響は過去のアウトプットに反映されているものとして，ブラックボックス化し，過去の売上の変動というアウトプット部分に着目してモデル化を行っているというわけです。

　ちなみに，コロナ禍の影響のような突発的な変動は，今回扱った方法では予測することはできません。突発的な変動は過去のデータに織り込まれていないため，自己回帰モデルから予測された値と突発的な変動に影響された現実の売上は大きく乖離することとなります。その乖離を把握し突発的な変動に気づくためにも，現状の状態から将来を予測しておくということは有用といえます。将来の予測をする際には，予測のためにどういった仮定を置き，予測の目的に合わせて考慮したい要素がモデルに取り込まれているかに注意を配ることが必要です。

Ⅴ　会計データとビジネスデータの複合

　本章では，過去の会計データを時系列データと捉えて将来の動きを予測しました。売上は企業の営業活動の成功例の集積であり，それをインプットとしました。しかし，営業活動が失敗し，成約まで至らないこともあります。会計上，直接的に表現されないそれらの営業活動は，悪いインプットに見えるかもしれませんが，機械学習の分野においては，よりよい営業活動の特徴を見つけるための貴重な情報になることもあります。売上を向上させるための方法や規則性を見出したいときに，売上の数値だけで眺めていても難しいということです。

　仮に売上データに販売員の情報が紐づいていたとしたら，有能な販売員の特定につながり，平均的な販売員との違いを見つけることができるかもしれません。より深い分析をするためには売上（会計データ）と営業のデータ（ビジネ

スデータ）の複合的なデータセットが必要になります。

　ビジネスの課題として，様々な要因と売上や利益の向上・広告効果の測定や顧客の行動等を関連づけて分析していくことが求められます。多くのデータサイエンスのプロジェクトが，利益の最大化を目的としています。今回は売上を例に取りましたが，費用と営業活動の結びつきも重要なポイントになります。むしろ筆者の経験上，費用のほうが営業活動とのリンクを保つための管理上の工夫が要求されることが多いと感じています。

　営業活動が会社に利益をもたらしているか，より効率的に売上をあげられないかといった視点での分析を行うためには，企業内の売上と費用のデータ，営業活動などのデータを，関係性を保持させたまま収集する設計が必要になります。どう設計するかの方針は，顧客数や取引件数，商品の数・性質，取引1件当たりの規模などにより，大きく取扱いが変わります。

　一度失ったデータの関係性を復元するためには，膨大な手間をかけたり強い仮定を置かなければならず，将来の分析ニーズを阻む大きな障害になってしまったり，分析の妨げになることになります。そうならないためにも，会計上求められるデータと，データ分析上必要となる分野横断的なデータの（企業活動間の関係性を保った状態での）保存が求められます。

　会計データファーストで考えれば，冒頭で述べた様々な性質を持つデータと会計データは明確に区分して保持するほうが安定性があるかもしれませんが，データサイエンス的な視点からいえば，会計データとビジネスデータの共存を意識したデータベースデザインを考えていく必要があります。

Ⅵ　まとめ

　本章では，データサイエンスの視点から会計データを時系列データとして捉え，分析し，モデル構築するまでの一連のプロセスを実践しました。会計数値の理解に強みを持つ読者は，その企業に蓄積されているデータの理解やビジネスへの洞察という素養を持っているため，今後はデータを用いてどのようなアクションにつなげていけばよいかといったポジティブな提案を行っていくことも可能です。本章で解説した内容も踏まえて，会計データを含むビジネスデータをどのように企業の活動に活かしていくかという視点を大事にしましょう。

参考文献

- 沖本竜義（2010）『経済・ファイナンスデータの計量時系列分析』朝倉書店
  定常性・ARIMA・単位根過程など，時系列分析の基礎的な概念を理論的に学ぶには，こちらの本がおススメです。
- 島田直希（2019）『時系列解析：自己回帰型モデル・状態空間モデル・異常検知（Advanced Python）』共立出版
  時系列分析を Python で実装している貴重な本。本章でも大変参考にしています。とりあえず手を動かして学びたい派の人はぜひこの本を読んでください。
- 馬場真哉（2018）『時系列分析と状態空間モデルの基礎：R と Stan で学ぶ理論と実装』プレアデス出版
  R と Stan のほうがなじみがある方はこちらで。また馬場先生の Blog「logics of blue」も大変参考になります。
- 森棟公夫・照井伸彦・中川満・西埜晴久・黒住英司（2015）『統計学 改訂版』有斐閣
  統計の基礎を学ぶのに最適な 1 冊。同書のマスターこそ，データ社会を生きる全人類が通るべき最初の一歩。
- Provost, F., and T. Fawcett［竹田正和監訳］（2014）『戦略的データサイエンス入門：ビジネスに活かすコンセプトとテクニック』オライリー・ジャパン
  ビジネスシーンにおけるデータサイエンス思考を養う 1 冊。個別の手法や実装を深めることも大切ですが，この本のように発想力や視野を広げる本は貴重です。

データとは？

　会計データを扱う前に，そもそも「データ」とは何なのかを考えてみましょう。

　分析対象のデータは，何らかの事象を測定し，記録したものです。それ自体，数である必要もなく，たとえば色のように「黄色」「赤色」といったカテゴリのような表現もあり得ます。ところが「黄色」は三原色で表現する場合は，RGB（255, 212, 0）というように数字で表現することもできます。普段の会話で「レモンの色は RGB（255, 212, 0）だ」と言われても伝わりませんが，一方で印刷屋さんに「黄色でお願いします」と言っても，様々なバリエーションがあるから「どの黄色ですか」と困ってしまいます。つまり，データとは，利用の目的に合わせて適切な粒度で測定されたものである必要があります。

　測定の結果，得られるデータが持つ性質は，たとえば①「黄色」のようなカテゴリを表すラベリングである名義尺度，②野球の打順のような前後関係を表す順序尺度，③温度に代表される間隔尺度，④距離や重量のように間隔尺度の性質を持ち，比率にも意味を持つ比率尺度などが挙げられます。名義尺度と順序尺度は「質的な変数」と，間隔尺度や比率尺度は「量的な変数」と区分されることもあります。

　前述のように目に見えるデータの違いもあれば，目に見えない違いもあります。たとえば，データの測定の際には誤差が含まれる可能性があります。アンケートデータのように主観が含まれるものは，その回答が反復可能性のあるデータではないかもしれません。サンプルに何らかの偏りがある場合もあれば，回答者の見栄を張りたいといった社会的欲求に基づくバイアスが回答に含まれている可能性もあります。

　データと向き合う際には，データがどのような目的で，どういった方法で収集されたかを含めて，データの生成過程を理解することが大切です。会計データがどのような目的に立って作成されたデータかを見失うと，分析結果から誤った示唆を読み取ることになってしまうかもしれません。

## 第 6 章

会計データを使って機械学習に挑戦しよう

──── Episode 6 ────

　竹山さんはデータサイエンスについて学習を進める中，機械学習に興味を持ちました。なんでも最近話題の人工知能（AI）というものの多くは，機械学習という手法の応用なのだそうで，Python は機械学習とも相性が良いらしいのです。データサイエンスに詳しい稲村さんに相談してみたところ，下町でたこ焼き屋を営む彼の父が，機械学習を用いたデータ分析を経営に活用しており，会計帳簿のデータから経営に役立つ情報を引き出している，とのこと。俄然興味が湧いてきた竹山さんは，機械学習には難しい数学が使われているとも聞くので不安はあるものの，チャレンジしてみようと決意するのでした。

Ⅰ　本章の目的

　この章では Python による機械学習プログラムの作成を通じて，コンピュータが会計データを「学習」して判断を行うプロセスを体験してみます。簡単な例から教師なし学習と教師あり学習を実装した後，とあるたこ焼き屋さんの仕訳帳をベースとした会計データを使って機械学習を実践していきます。一連の事例から，機械学習をビジネスの課題にどのように活用できるのかについて，理解していきましょう。

Ⅱ　機械学習の概要

1　定義の曖昧な「AI」

　会計データを使った機械学習に挑戦する前に，まずは機械学習が何たるかに

ついて整理しましょう。2000年代前半から続く第3次人工知能ブームの中で機械学習が牽引してきた人工知能（AI）技術は，ビジネスの世界でも注目度が高まっています。しかし，このような革新的技術の普及とは裏腹に，ビジネスにおいては十分な理解なしに「AIは仕事を奪う」「人工知能がビジネスを変える」といったフレーズが独り歩きしているのが実態です。AIをビジネスツールとして利用するなら，まず正しい理解を得るところから始めてみましょう。

そもそもAIという単語に，統一的な定義はありません（浅川ほか，2018）。研究者の間でも認識は様々です。一応の共通理解として，認識や判断といった知的な処理能力を持つ機械・機能，というイメージはあるようです。私たちデータサイエンスの実践者にとって重視すべきなのは，そうした曖昧な定義よりも，現実の課題に対してどんな処理能力を機械に獲得させるかという方法論でしょう。方法論の1つとして，AIと呼ばれるテクノロジーの中でも昨今注目されているのが，機械学習と呼ばれる技術です。

2　機械学習とは何なのか

機械学習とは，機械（コンピュータ）にデータを与え「学習」させることで判断能力を獲得させるような仕組みのことをいいます。具体的には，プログラミングによってコンピュータが実行できるような，データの処理手順（アルゴリズム）を指します。機械学習は大きく以下の3つの類型に分けられます。

---

(1)　教師なし学習

与えられたデータに隠された構造を見つけさせ，「こちらのデータはグループA，こちらのデータはグループB」というように整理や分類を行わせる

(2)　教師あり学習

「こういうデータには，こういうデータが対応していますよ」という，ラベル付けがされた実例（訓練データ）を与え，それを学習させる

(3)　強化学習

ある目的を設定し，それを達成するような最適な方策・戦略を発見させる

本章では代表的な機械学習アルゴリズムのうち，教師なし学習から1つ，教師あり学習から3つを取り上げます。小さなAIとも呼べるプログラムを実際に読者の皆さんの手で作成してみましょう。

Ⅲ 機械学習の実践

　機械学習の実践という意味では，Python は最も広く利用されるプログラミング言語の1つとなっています。本章を通じて Python を用いた機械学習のプログラムを作成していくことで，コンピュータに判断を行わせるとはどういうことなのか，AI と呼ばれる技術の正体は何なのかを理解していきましょう。本章で示す図表と関連するコードを1つひとつ試しながら読み進めることで，着実に理解できるように配慮しています。

1　教師なし学習：k-means（k平均法）

　手始めに，すでにあるデータをどのように分類するかという問題に焦点を当てます。機械学習の雰囲気を感じ取ることができるはずです。まず扱うのは教師なし学習の1つである k-means（k平均法）です。教師なし学習は，データにラベル（説明変数と目的変数，入力と出力など）を与えることなく，データ全体の構造に着目した分析を行う技術です。k-means は教師なし学習のうち「似通ったデータをまとめることで類別を行う」ために利用する方法です。このような方法はクラスタリングと呼ばれています。

(1)　人間の認識と判断
　例として**図表6－1**のような二次元のデータが与えられている場合を考えてみましょう。私たち人間はこのようにプロットされたデータを見て，点の塊（これをクラスターといいます）が5つ（人によっては4つ）あることを直感的にイメージできます。これは私たちが無意識にデータ間の近さを認識し，それを各点の類似度の判断に利用しているからと考えられます。私たちがここでイメージしたような分類能力を，コンピュータにも獲得させることはできるでしょうか。これから紹介する k-means は，私たちが行ったような判断を機械に行わせるためのシンプルな方法です。

図表6－1　データの散布図と人間の認識

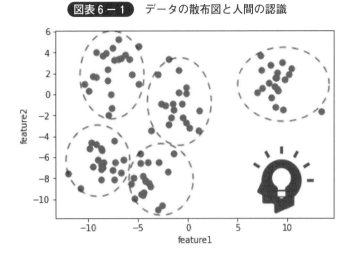

(2)　**k-means とは**

k-means は与えられたデータの散布図の中にk個の点を打ち，その点からの近さをもとにデータをk個のクラスターに分類するというアルゴリズムです。k-means によるクラスタリングの手順を具体的に示すと，以下のようになります。

① 各データをランダムにk個のクラスターに割り当て，それらにクラスター 1, 2, …, k と名前をつける

② k個のクラスターの重心を計算する

③ 各データとk個の重心の距離を測り，各データから最も近い重心をそのデータのクラスターとして割り当て直す

④ 上記③を繰り返し，クラスターの割当てが変更されなくなったり，あらかじめ決めておいた繰り返し回数に達したら，処理を終える

今回はk＝5，すなわちデータを5つのクラスターに分類させる例を考えてみましょう。**図表6－2**（**図表6－4**左側の散布図）は，距離の概念を用いてデータを5つのクラスターに分類するイメージ図です。

コード6－1　▶

```
1  # 共通して利用するライブラリをインポートする。
2  ##データ可視化のためのライブラリ
```

```
3   import matplotlib.pyplot as plt
4
5   ##計算とデータ処理のためのライブラリ
6   import numpy as np
7   import pandas as pd
8
9   # k-means法を使うためのライブラリ
10  from sklearn.cluster import KMeans
11
12  # 人工データ作成のためのライブラリ
13  from sklearn.datasets import make_blobs
14
15  # サンプルデータを作成する
16  # make_blobsを使うと，centersの数だけ塊（クラスター）を持つ二次元デー
       タが，n_samplesの数だけ得られる。
17  # cluster_stdの値が大きいほど，各クラスター内の点同士の広がり（散らば
       り具合）が大きくなる。
18  # make_blobsは2つの値を返すが，今回使うのは1つだけ。使用しないほうは
       "_"という変数で受け取り，使用しない。
19  X, _ = make_blobs(n_samples=100, centers=5, random_state=45,
                        cluster_std=1.6)
20  # Xのグラフを描く（sは点のサイズ）→図表6−2
21  plt.xlabel("feature1")
22  plt.ylabel("feature2")
23  plt.scatter(X[:, 0], X[:, 1], s=50)
```

実行結果

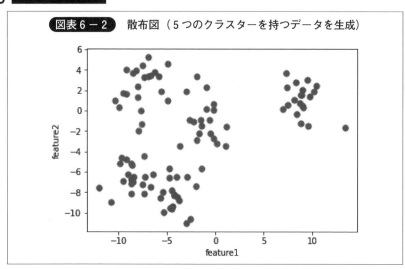

図表6−2　散布図（5つのクラスターを持つデータを生成）

　図表6－3は，同じクラスターに属するデータを同じマークで表すようにプ
ロットし，k-means による学習結果を示したものです。比較してみると，図表
6－4のとおり，私たちがイメージしたのとほぼ同じ結果が得られているのが
わかるでしょう。

　次のコード6－2の中で，k-means による学習は kmeans.fit(X) の1行で行
われています。私たち人間は「このデータは◆クラスターです，こっちのデー
タは■クラスターです」とあらかじめ教えるようなことはしていません。
k-means というアルゴリズムの中で機械がこのデータの構造を学習し，人間と
同じような判断を行っているのです[1]。

コード6－2 ▶

```
1   # k-means法でデータXをクラスターごとに色分けする。
2   # Xに含まれる個々のデータについて「これはクラスター0に属する，これはク
    ラスター1に属する」と判定させる。
3   # クラスターの数を5に設定して，KMeansクラスの初期化を行う。
4   kmeans = KMeans(n_clusters=5, random_state=1)
5   # k-meansによる学習を行う。
6   kmeans.fit(X)
7
8   # Xの各データが何番クラスターに属するかを判別（予測）する。
9   y_pred = kmeans.predict(X)
10
11  # 結果を可視化する。
12  # Xに属する各データの隣に，クラスター番号の予測値(y_pred)を結合する。
13  merge_data = pd.concat([pd.DataFrame(X[:, 0]), pd.DataFrame(X[:, 1]),
                            pd.DataFrame(y_pred)], axis=1)
14
15  # 定義したmerge_dataの各列にラベルを付与する。
16  merge_data.columns = ["feature1", "feature2", "cluster"]
17
18  # k-meansの結果を可視化する（図表6－3）。
19  ax = None
20  colors = ["black", "orange", "red", "blue", "green"]
21  markers = ["d", "^", "p", "s", "*"]
22  for i, data in merge_data.groupby("cluster"):
23      ax = data.plot.scatter(x="feature1", y="feature2", color=colors[i],
                               ax=ax, marker=markers[i], s=50)
```

実行結果

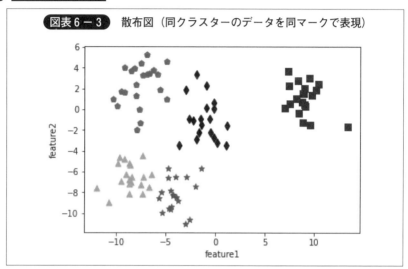

図表6−3 散布図（同クラスターのデータを同マークで表現）

図表6−4 k-means（k=5 と指定）のアルゴリズムのイメージと学習効果

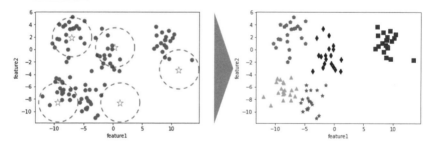

　k-means の適用において，ここまではクラスターの数を5つとして分類しましたが，4つの場合（n_clusters=4）も試してみましょう。

---

(1)　k-meansは計算手順もプログラムも単純で，たとえ人間と同じような判断が行えたとしても「このプログラムは知能がある！」と驚く人は少ないかもしれません。しかしAIという言葉を広く捉えるならk-meansのプログラムも一種のAIに違いないのです。AIの背後にある仕組みを理解すると，それはAIではないと考えてしまう現象は，AI効果と呼ばれています。

コード6-3 ▶

```
1   # KMeansクラスの初期化と学習を行う。
2   kmeans_4 = KMeans(n_clusters=4)
3   kmeans_4.fit(X)
4
5   # Xの各データが何番クラスターに属するかを判別（予測）する。
6   y_pred_4 = kmeans_4.predict(X)
7
8   # Xに属する各データの隣に，クラスター番号の予測値（y_pred）を結合
9   merge_data_4 = pd.concat([pd.DataFrame(X[:, 0]), pd.DataFrame(X[:,
                        1]), pd.DataFrame(y_pred_4)], axis=1)
10
11  # 定義したmerge_dataの各列にラベルを付与
12  merge_data_4.columns = ["feature1", "feature2", "cluster"]
13
14  # k-means（クラスタ4つ）の結果を可視化（図表6-5）
15  ax = None
16  colors_4 = ["red", "green", "blue", "black"]
17  markers_4 = ["d", "s", "p", "^"]
18  for i, data in merge_data_4.groupby("cluster"):
19      ax = data.plot.scatter(x="feature1", y="feature2", color=colors_4[i],
                        ax=ax, marker=markers_4[i], s=50)
```

実行結果

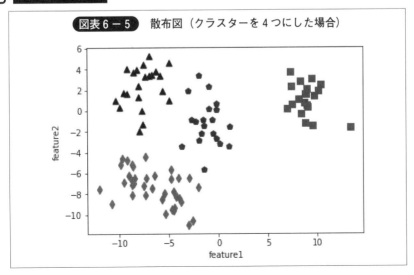

図表6-5　散布図（クラスターを4つにした場合）

(3)　k-means の応用

k-means は，分析対象となるデータがどのような特徴を持っているのかを把握するのに役立ちます。たとえば，会計データサイエンスにおける k-means の活用シーンとしては次のような場面が考えられます：自社では原価計算の観点から属性が異なる多様な製品群を有しており，それらの原価データについて特別なラベル付けは行っていない。しかし経験的に，利益率や原価差異の観点からいくつかの製品グループに分類できそうだという予想がある。こうした状況において，利益率と原価差異に関する散布図を描き，k-means を適用した。そうすることで，製品グループをクラスタリングすることに成功した。

2　教師あり学習：k-NN（k近傍法）

次に取り上げる k-NN（k近傍法）は教師あり学習に属する手法です。k-means と似た名前ですが，k-means は教師なし学習である点に注意しましょう。k-NN も k-means と同様に比較的単純な機械学習アルゴリズムです。計算手順や結果の解釈が容易であるため，利用しやすい手法の1つといえるでしょう。k-NN は次のような手順を踏むことで，分類を行いたいデータ（テストデータ）がどのクラスターに属するかを推定することができます。

① すでに分類されたデータ（訓練データ）を与える
② これから分類したいデータ（テストデータ）を与え，そこから近い距離にある訓練データを k 個取ってくる
③ それら k 個の訓練データの属性を調べ，最も多い属性をテストデータの属性と判定する

(1)　k-NN のイメージ

図表6－6に k-NN のイメージ図を示します。ここでは●で表したテストデータがどのクラスターに属するのかを推定しています。

k=2 のケース（内側の円）では，テストデータ●から近い順に2つのデータを取っています。これらはいずれも▲クラスターのデータであるため，テストデータは▲クラスターに属すると判断されます。一方，外側の円はk=10のケースを示しています。テストデータから近い順に10個の点を探すと，▲クラスターのデータが3つ，■クラスターのデータが7つ含まれています。このとき一番多いのは■クラスターなので，テストデータが属するのは■クラスター

であると判断されます。

　kの値が異なれば，テストデータがどのクラスターに割り当てられるかという結論が変わることに注意しましょう。kは学習結果を左右する設定値，すなわちパラメータです。パラメータkをいくつとすべきかは，後述の正解率などを参考にして，分析者が判断することになります。このような学習の中で決定されないパラメータを，ハイパーパラメータといいます。

図表6－6　　k-NN のイメージ

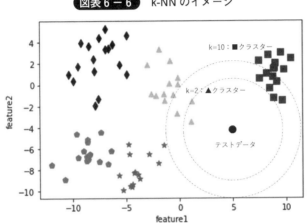

(2)　k-means による学習と推論

　ここでは(1)で分類されたデータを訓練データとテストデータに分け，訓練データを k-NN によって学習し，テストデータに対して正確な分類が行えるかを確かめてみましょう。

　機械学習の実践においては，訓練データをよく説明できるだけでなく，訓練に使わなかった未知のデータに対して高い識別能力を持たせることが重要です。訓練データへの当てはまりを過度に求めると汎用性がなくなり，未知のデータに対する正答率が低くなる「過学習」と呼ばれる事象に陥ってしまいます。したがって，持っているデータをすべて訓練データとして使うのではなく，一部を訓練データとして学習に利用し，残るデータに対してどの程度の正解率を持っているかを確かめることが望ましい形です。

　手持ちのデータを訓練データとテストデータとに分ける際は，scikit-learn のライブラリに含まれる train_test_split が役に立ちます。このライブラリは，

データセットや配列を訓練データとテストデータに分割するための関数で，機械学習において非常に良く使われる関数の1つです。以下のコード例では k=5，すなわちテストデータに最も近いものから順に5つの訓練データをとってきて，それら訓練データが属するクラスターのうち最も多いものを，テストデータが属するクラスターと判断しています。実際にコードを動かしてみましょう（コード6−4）。

コード6−4 ▶

```
1  # ライブラリをインポートする。
2  from sklearn.neighbors import KNeighborsClassifier
3  from sklearn.model_selection import train_test_split
4
5  # 訓練データとテストデータに分ける。
6  X_train, X_test, y_train, y_test = train_test_split(X, y_pred,
                                          stratify=y_pred, random_state=123)
7
8  # 訓練データをプロットする。
9  merge_data_train = pd.concat([pd.DataFrame(X_train[:, 0]),
                                  pd.DataFrame(X_train[:, 1]),
                                  pd.DataFrame(y_train)], axis=1)
10 merge_data_train.columns = ["feature1", "feature2", "cluster"]
11 ax = None
12 colors = ["black", "orange", "red", "blue", "green"]
13 markers = ["d", "^", "p", "s", "*"]
14 for i, data in merge_data_train.groupby("cluster"):
15     ax = data.plot.scatter(x="feature1", y="feature2", color=colors[i],
                              ax=ax, marker=markers[i], s=50)
16
17 # k-NNクラスオブジェクトの初期化と学習を行う。
18 knn = KNeighborsClassifier(n_neighbors=5)
19 knn.fit(X_train, y_train)
20
21 # 訓練データとテストデータ，それぞれの正解率を表示する。
22 print("正解率(train):{:.3f}".format(knn.score(X_train, y_train)))
23 print("正解率(test):{:.3f}".format(knn.score(X_test, y_test)))
```

➡ 実行結果

```
1  正解率(train):1.000
2  正解率(test):1.000
3  （プロットされた散布図は省略）
```

学習結果をテストデータに当てはめた場合の正答率は1.0（100%）となりました。このような高い正解率を達成した理由は，学習に使用したデータが前項のk-meansによって「きれいに」分類されていたためです。

実際のデータサイエンスにおいては様々な要因が複雑に絡み合ったデータを取り扱うことから，100%の正解率は期待できません。しかし，そのような複雑な現実の問題に対しても，機械学習は人間と同等かそれ以上の高い予測性能を発揮する場合があり，課題解決のための強力な手法として活用できるのです。

さて，ここまでは人工的で単純なデータを用いて，教師なし学習のk-meansと教師あり学習のk-NNについて解説してきました。いずれも単純なアルゴリズムながら，私たち人間が行っているような分類・判断を高い精度で行うことができることが理解できたかと思います。次項以降では問題設定をさらにリアルにして，仕訳帳をベースとした会計データに対する機械学習を体験してみましょう。

3　仕訳をベースとした会計データの分析

ここからは，とあるたこ焼き屋の会計帳簿を模したデータを利用して，顧客行動の分析や将来の売上に関する予測を機械学習によって行ってみましょう。この商店のある時期の売上に係る取引について，**図表6－7**に示したような仕訳帳を作成していると仮定します。

図表6－7　たこ焼き屋の仕訳帳と，それを扱いやすく変換した会計データ

ID	借方勘定科目コード	借方勘定科目名	借方金額	貸方勘定科目コード	貸方勘定科目名	貸方金額	摘要1	摘要2	摘要3
1	100100	現金	¥ 1,100	400100	売上	¥ 1,100	天気：晴れ	顧客属性：単身	ネギたこ焼き：1パック
2	100200	売掛金	¥ 500	400100	売上	¥ 500	天気：晴れ	顧客属性：カップル	ネギたこ焼き：0パック
3	100200	売掛金	¥ 500	400100	売上	¥ 500	天気：晴れ	顧客属性：家族	ネギたこ焼き：0パック
4	100200	売掛金	¥ 500	400100	売上	¥ 500	天気：晴れ	顧客属性：カップル	ネギたこ焼き：0パック
5	100200	売掛金	¥ 500	400100	売上	¥ 500	天気：晴れ	顧客属性：カップル	ネギたこ焼き：0パック
6	100100	現金	¥ 500	400100	売上	¥ 500	天気：晴れ	顧客属性：家族	ネギたこ焼き：0パック
7	100100	現金	¥ 1,600	400100	売上	¥ 1,600	天気：晴れ	顧客属性：家族	ネギたこ焼き：1パック
8	100200	売掛金	¥ 1,100	400100	売上	¥ 1,100	天気：晴れ	顧客属性：単身	ネギたこ焼き：1パック
9	100200	売掛金	¥ 600	400100	売上	¥ 600	天気：晴れ	顧客属性：単身	ネギたこ焼き：1パック
10	100100	現金	¥ 600	400100	売上				
11	100100	現金	¥ 1,100	400100	売上				
12	100100	現金	¥ 500	400100	売上				
13	100100	現金	¥ 600	400100	売上				
14	100200	売掛金	¥ 500	400100	売上				
15	100100	現金	¥ 600	400100	売上				
16	100100	現金	¥ 600	400100	売上				
17	100200	売掛金	¥ 500	400100	売上				
18	100100	現金	¥ 600	400100	売上				
19	100100	現金	¥ 1,700	400100	売上				

摘要欄には天気・顧客属性・商品の情報が文字列で入力されている。このままでは分析が行いづらいため，ダミー変数に変換してから用いる。

天気について 'sunny'，'cloudy'，'rainy' という3列を，顧客属性については 'single'，'couple'，'family' という3列を設け，該当する場合には1，そうでない場合には0を対応付ける。

```
# 読み込んだデータの先頭5行を表示して内容を確認
df.head()
```

	ID	sunny	cloudy	rainy	weather	single	couple	family	customer_class	customer_code	n_packs	n_takoyaki	n_negi	sales_takoyaki	sales_negi	sales	cash	receivable
0	1	1	0	0	sunny	1	0	0	single	1	1	0	1	0	600	600	0	1
1	2	1	0	0	sunny	1	0	0	single	1	3	1	2	500	1200	1700	1	0
2	3	1	0	0	sunny	0	0	1	family	3	1	1	0	500	0	500	1	0
3	4	1	0	0	sunny	0	1	0	couple	2	1	1	0	500	0	500	1	0
4	5	1	0	0	sunny	1	0	0	single	1	1	0	1	0	600	600	1	0

コード6－5　▶　会計データの読み込みと下準備

```
1   from google.colab import drive
2   drive.mount("/content/drive")
3
4   %cd /content/drive/Mydrive/サンプルコード一覧/data/sec6
5
6   # Google Colaboratory左側にあるフォルダアイコンからcsvをアップロードし，
    データを読み込む。
7   df = pd.read_csv("takoyaki_data.csv") # データのあるディレクトリを選択
8
9   # 読み込んだデータの先頭5行を表示して内容を確認（図表6－7の下表）
10  df.head()
11  # df全体に欠損値がないことを確認
12  df.isna().sum().sum() # 「0」と出力される。
```

　ここで，機械学習を実践していく前に，**コード6－5**で読み込んだ takoyaki_data.csv を格納した pandas の DataFrame オブジェクト「df」について調べてみましょう。

コード6－6　▶

```
1   # 天気の割合を円グラフで表す
2   freq_weather = [df["sunny"].sum(), df["cloudy"].sum(),
                    df["rainy"].sum()]
3   labels = ["sunny", "cloudy", "rainy"]
4   plt.pie(freq_weather, labels=labels, startangle=90,
            counterclock=False, autopct="%1.1f%%")
5   plt.show()
```

実行結果

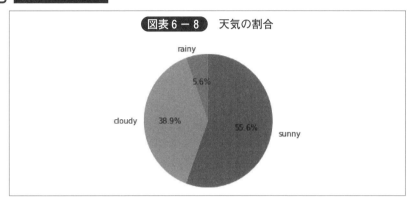

コード 6 − 7

```
1  # 売上をヒストグラムで表す
2  plt.hist(df["sales"])
```

実行結果

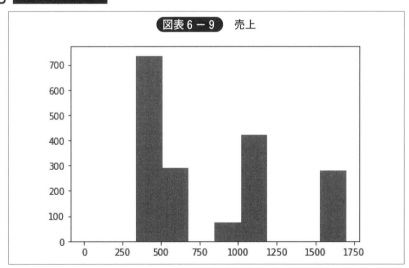

（コード6－8①）　▶

```
1  # customer_classを軸に集計したときの，salesの平均値（つまり顧客属性ご
   との平均売上）
2  df.groupby("customer_class")["sales"].mean()
```

→ 実行結果

```
1  customer_class
2  couple      727.014218
3  family     1010.498688
4  single      846.940822
5  Name: sales, dtype: float64
```

（コード6－8②）　▶

```
1  # customer_classを軸に集計したときの，cashの平均値（つまり顧客属性ごと
   の現金利用確率（cashは0 or 1なので））
2  df.groupby("customer_class")["cash"].mean()
```

→ 実行結果

```
1  customer_class
2  couple      0.663507
3  family      0.519685
4  single      0.670010
5  Name: cash, dtype: float64
```

（コード6－8③）　▶

```
1  # weatherを軸に集計したときの，salesの平均値（つまり天気ごとの平均売上）
2  df.groupby("weather")["sales"].mean()
```

→ 実行結果

```
1  weather
2  cloudy     815.0
3  rainy      862.0
4  sunny      879.5
5  Name: sales, dtype: float64
```

コード 6 − 9 ①　▶

```
1  # たこやきを1パック以上買う顧客の平均売上
2  ((df["n_takoyaki"] > 0) * df["sales"]).sum() / (df["n_takoyaki"] > 0).sum()
```

▶ 実行結果

```
1  902.7170311464546
```

コード 6 − 9 ②　▶

```
1  # ネギたこやきを1パック以上買う顧客の平均売上
2  ((df["n_negi"] > 0) * df["sales"]).sum() / (df["n_negi"] > 0).sum()
```

▶ 実行結果

```
1  1105.8645096056623
```

コード 6 − 9 ③　▶

```
1  # たこやきとネギたこやきを一緒に購入した人の平均売上
2  ((df["n_takoyaki"] > 0) * (df["n_negi"] > 0) * df["sales"]).sum() /
   ((df["n_takoyaki"] > 0) * (df["n_negi"] > 0) * df["sales"] > 0).sum()
```

▶ 実行結果

```
1  1315.7367668097281
```

コード 6 − 10 ①　▶

```
1  # ピボットテーブルを作成する。
2  # 顧客属性と天気を軸に，平均売上を集計
3  pd.pivot_table(df, index="customer_class", columns="weather",
                  values="sales")
```

実行結果

図表 6 ─ 10

weather	cloudy	rainy	sunny
customer_class			
couple	594.696970	833.333333	786.267606
family	1194.039735	1395.000000	841.904762
single	747.482014	720.270270	947.430830

コード 6 ─ 10 ②

```
1  # 顧客属性とn_packs軸に，平均売上を集計
2  pd.pivot_table(df, index="customer_class", columns="n_packs",
              values="sales")
```

実行結果

図表 6 ─ 11

n_packs	0	1	2	3
customer_class				
couple	NaN	500.0	1000.0	1600.0
family	NaN	500.0	1100.0	1600.0
single	0.0	550.0	1100.0	1700.0

コード 6 ─ 10 ③

```
1  # 顧客属性とn_negi軸に，平均売上を集計
2  pd.pivot_table(df, index="customer_class", columns="n_negi",
              values="sales")
```

実行結果

図表 6 － 12

n_negi	0	1	2
customer_class			
couple	601.626016	1600.000000	NaN
family	500.000000	1345.652174	NaN
single	498.281787	855.480607	1700.0

コード 6 － 11 ① ▶

```
1  # 天気と顧客属性は関係があるのか，ピボットテーブルを眺めてみる
2  df.groupby(["customer_class",
           "weather"])["customer_class"].count().unstack()
```

実行結果

図表 6 － 13

weather	cloudy	rainy	sunny
customer_class			
couple	132	6	284
family	151	20	210
single	417	74	506

コード 6 － 11 ② ▶

```
1  # 天気と現金払いは関係があるのか，ピボットテーブルを眺めてみる
2  df.groupby(["weather", "cash"])["cash"].count().unstack()
```

⟹ 実行結果

図表 6 − 14

	cash	0	1
weather			
cloudy		258	442
rainy		35	65
sunny		361	639

(1) 教師あり学習：決定木（けっていぎ）を用いた顧客行動の分析

たこ焼き屋を営む経営者の立場からすると，たとえばこんなニーズがあるのではないでしょうか。

当店のネギたこ焼きは工夫を凝らした絶品だ。プレーンなたこ焼きと食べ比べをしてほしい。食べ比べしてくれそうなターゲットが把握できれば，積極的にキャンペーンを行ってみたい。

このような課題に対処するために採用できる機械学習の手法の1つが決定木です。決定木は，データの属性によって場合分けを行うことで「説明変数がこのような属性のとき，目的変数はこの属性を持つ傾向にある」という考察を行うことができます。

今回の例では，会計データに天気（晴・曇・雨）と顧客（単身・カップル・家族）に関する情報が含まれているため，これらを適切に場合分けすることで，たこ焼きとネギたこ焼きを同時に購入するか否かというカテゴリ分けを行うことができるか試みてみたいと思います。

コード6−12のように，会計データのうち，《天気と顧客に関する情報》を説明変数（ここでは場合分けの対象とする変数）とし，《たこ焼きとネギたこ焼きを各々1パック以上購入した「食べ比べ」顧客（True）か否（False）かに関する情報》を目的変数として，決定木による分析を実施すると，**図表6−15**に示すような結果が得られました。

コード6-12　▶　教師あり学習：決定木を用いた顧客行動の分析

```
1  # 決定木を作成するためのライブラリ
2  from sklearn.tree import DecisionTreeClassifier
3  from sklearn.model_selection import train_test_split
4
5  # 天気と顧客属性を説明変数とする。
6  X_DT = df[["sunny", "cloudy", "rainy", "single", "couple", "family"]]
7  X_DT.head() #実行結果は省略
8
9  # たこ焼きとネギたこ焼きを合わせて買った人を目的変数とする。
10 y_DT = (df["n_takoyaki"] >= 1) & (df["n_negi"] >= 1)
11 y_DT.head() #実行結果は省略
12
13 # データを分割する。
14 X_DT_train, X_DT_test, y_DT_train, y_DT_test =
                          train_test_split(X_DT, y_DT, random_state=0)
15
16 # 決定木クラスの初期化と学習を行う。
17 model_DT = DecisionTreeClassifier(criterion="entropy",
                                   max_depth=5, random_state=0)
18 model_DT.fit(X_DT_train, y_DT_train)
19
20 # 訓練データとテストデータの正解率を確認する。
21 print("正解率(train):{:.3f}".format(model_DT.score(X_DT_train,
       y_DT_train)))
22 print("正解率(test):{:.3f}".format(model_DT.score(X_DT_test,
       y_DT_test)))
23
24 # 決定木を可視化するライブラリをインポートする。
25 from sklearn import tree
26 import pydotplus
27 from six import StringIO
28 from IPython.display import Image
29
30 # 決定木を可視化する（図表6-15）。
31 dot_data_DT = StringIO()
32 tree.export_graphviz(model_DT, out_file=dot_data_DT)
33 graph_DT = pydotplus.graph_from_dot_data(dot_data_DT.getvalue())
34 Image(graph_DT.create_png())
35
36 X_DT.info() #実行結果は省略
```

実行結果

```
1   正解率(train):0.685
2   正解率(test):0.687
```

図表6-15　決定木による「食べ比べ」顧客の分析

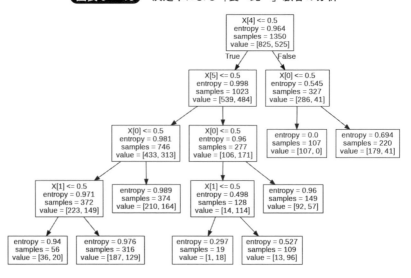

　各ボックスの1行目には場合分けの条件式が書かれており，たとえば一番上のボックスにある X[4]<=0.5 は，説明変数 X の4番目が0.5以下であるという条件で場合分けを行っていることを意味します。X[4] という変数は，顧客属性 couple のダミー変数（訪れた顧客がカップルならば1，そうでないなら0であるような変数）です。したがって，この決定木は「たこ焼きを2種類同時に買うかどうかを判定するときは，まずカップルか否かを見よ」と教えてくれているのです。その後いくつかの条件を経て，最終的な判断を決定するための「木」のような構造が浮かび上がります。

　会計データを訓練データとテストデータに分け，前者を用いて決定木を作成したときの正解率は，訓練データで68.5%，テストデータで68.7%と計算されました（**コード6-12**の実行結果参照）。つまり，この決定木に従って場合分けをしていけば，「たこ焼きを2種類同時に買うかどうか」を7割弱の確率で当てることができるのです。

　あとはこうした予測結果をビジネスに活かすための方法を検討することになります。今回のケースでは，たとえば，条件に合致するタイプの顧客が店にやってきて注文に迷っているような場合に「食べ比べはどうですか」とオススメすることで，購買を促せる可能性があるのです。

(2)　教師あり学習：SVM による掛売予測と資金繰り対応

　次に紹介するのは SVM（サポートベクターマシン）という手法です。SVM は決定木とは異なるアルゴリズムですが，決定木と同様，目的変数がどのカテゴリに属するかを識別するのに用いることができます。理論的説明は参考文献を読んで理解していただくことにし，ここでは優れた機械学習モデルである SVM が会計データサイエンスにどう活用できるか見ていきましょう。

　たこ焼き屋の仕訳帳をもとにした会計データを pandas ライブラリを使って整理してみると，この商店の顧客のうち 3 分の 1 以上の顧客との取引では，売上の相手勘定として売掛金が計上されていることがわかります（**コード 6 − 13**）。

コード 6 − 13　▶

```
1  # 現金払いの人の割合
2  df["cash"].sum() / len(df)
```

実行結果

```
1  0.6366666666666667
```

　このたこ焼き屋における掛売りがすべて QR コード決済による支払であると仮定すると，データからは QR コード決済の顧客のほうが売上単価が高いことがわかります（**コード 6 − 14**）。

コード 6 − 14　▶

```
1  # cashを軸に集計したときの，salesの平均値（支払手段ごとの平均売上）
2  df.groupby("cash")["sales"].mean()
```

⮕ 実行結果

```
1   cash
2   0    870.795107  # cash以外の掛売り
3   1    843.542757  # cash（現金支払）
4   Name: sales, dtype: float64
```

　一方，小規模な商店にとって，QRコード決済は資金繰りの観点から好まれないこともあります。したがって，将来QRコード決済の増加が見込まれるならば，事前に何らかの資金繰り対策を行っておきたいと考える経営者もいるでしょう。本項で扱う会計データを用いて，将来のQRコード決済の利用が増えるかどうかの予測を行うことができるとしたら，資金繰りに関する事前準備ができるという大きなメリットがありそうです。

　第5章で扱ったような時系列データを有しているならば，それを分析することで将来予測を行うことも可能かもしれません。しかしながら今回扱うデータには，残念ながら日付のデータが含まれていません。このような場合には時系列分析の実施は難しくなりますが，次善の策として次のようなアイデアを試してみるのはどうでしょう。

　もしも，天気と顧客属性から，顧客の支払が現金かQRコード決済かがわかるとしたら，そして天気予報と店舗近くのイベント開催予定によって顧客属性が予想できるとしたら，資金繰りに関する事前準備ができるのではないか。

　実際に，天気と顧客属性から顧客の支払手段を分類するために，SVMを使ってみましょう。ライブラリのインポートと変数の定義を含めても，SVMによる学習のコードは数行に収まります。

コード 6 − 15 ▶

```
1   # SVMのためのライブラリをインポートする。
2   from sklearn.svm import LinearSVC
3
4   # 天気と顧客属性を説明変数Xとして，掛売上のダミー変数を目的変数yとして
     定義する。
5   X_SVM = df[["sunny", "cloudy", "rainy", "single", "couple", "family"]]
6   y_SVM = df["receivable"]
7
```

```
 8  # 訓練データとテストデータとに分割を行う。
 9  X_SVM_train, X_SVM_test, y_SVM_train, y_SVM_test =
                        train_test_split(X_SVM, y_SVM, random_state=0)
10
11  # SVMクラスオブジェクトの初期化と学習を行う。
12  model_SVM = LinearSVC()
13  model_SVM.fit(X_SVM_train, y_SVM_train)
14
15  print("正解率(train):{:.3f}".format(model_SVM.score(X_SVM_train,
        y_SVM_train)))
16  print("正解率(test):{:.3f}".format(model_SVM.score(X_SVM_test,
        y_SVM_test)))
```

実行結果

```
1  正解率(train):0.641
2  正解率(test):0.589
```

このコードの中の「model_SVM.fit(X_SVM_train, y_SVM_train)」の部分で行われる SVM での学習によって，天気と顧客情報から顧客が QR コード決済を行うか否かを推測した場合の正解率は，おおよそ 6 割程度と算定されました。仮にもし来月の天気予報は晴れの日が多く，商店に程近い大型アリーナで女性アイドルのコンサートが予定されているのであれば（つまり単身者の顧客が多いと予想できれば），SVM の結果からは現金売上のほうが多いと予測することができます（コード 6 − 16）。

コード 6 − 16

```
1  # 晴れの日に単身者が訪れた場合に，その顧客は現金払いと掛け払いのどちら
      になりそうか推測してみよう。
2  test_customer = pd.DataFrame([{"sunny": 1, "cloudy": 0, "rainy": 0,
                        "single": 1, "couple": 0, "family": 0}])
3  test_customer
4
5  # 学習済みのSVMのモデルに上記テストデータを当てはめてみる。
6  # 出力値は'receivable'の推定値であり，0ならば掛け売りではない（現金払
      いを行う）ことを示す。
7  print(model_SVM.predict(test_customer))
```

実行結果

```
1  [0]
```

　実際のビジネス環境を左右する要因を総合的に勘案し，機械学習のような技術と組み合わせるところに，会計データサイエンスにおける「ビジネスの視点」が試されているのです。

Ⅳ　会計データを用いた機械学習における課題

　「ビジネスの課題を数学とITを駆使して解決する」というデータサイエンスのプロセスに機械学習を適用するイメージは持っていただけましたか。身近な課題に対して機械学習の手法を適用できるのではないかとワクワクしている方も少なくないでしょう。しかし，会計データサイエンスの実践にあたって機械学習を用いる際に，あらかじめ意識しておきたいいくつかの課題・限界があります。本節ではそのような課題とそれを乗り越えるカギとなりうるアイデアについて述べたいと思います。

1　データの観測頻度が低い

　一口に会計データといっても，その観測頻度は様々です。**第5章**で扱ったような会計データと紐づく細かな売上情報やPOSシステムなどと紐づく販売データであれば，その観測の頻度はかなり高いといえます。消費者が購入した商品の内訳や消費者属性などが，会計上の売上と関連して高頻度に把握されるため，分析の幅も広いと考えられます。

　他方，同じ会計データであっても決算によって確定した財務諸表レベルの会計数値は年に1度しか観測することができません。四半期決算を含めても年4回，月次決算が行われていても年12回の観測数です。観測数が少ないデータに基づく場合には分析結果にも偏りが生じやすく，統計的に意味のある結論が得られないということにもなりかねません。利用できるデータの数が少ないときには，そもそも課題解決の手段として機械学習を利用することが適切なのかを問い直す必要があります。

2　企業秘密・守秘義務

　自社で用意できるデータの数が少ないのならば，他社とのコラボレーションによってデータの数や質を増やそうと考えるのも一理あります[(2)]。そのような場合に向き合わなければならないのが，企業秘密や守秘義務の問題です。財務諸表として公表される前のデータ，あるいは観測地点に近いデータは，企業の内情を示す機密情報であることが多いため，これを他社と共有するのは難しい場合がほとんどでしょう。

　本章で取り上げたような商店の売上データは消費者属性も含むこともあって，これを外部共有することに抵抗感がある経営者も多いはずです。顧客にとっても自分の購買履歴が知らず知らずのうちに外部に漏れ出たとしたら憤慨するはずであり，事実，そうした問題がニュースとして取り上げられることもあります。データの少なさを他社との協力によって補おうとする場合には厳しい情報統制と向き合わねばなりません。

　ただ，データの共有について全く希望がないわけではありません。たとえば，適切な暗号化技術によって，データの価値を損なうことなく機密情報を隠匿しながら分析を行うことができる可能性があります。特に注目したいのが「準同型暗号」と呼ばれる技術です。準同型暗号を用いることで，分析者は機密データを保持することなく「暗号化した機密データ」を分析し，「暗号化されていない機密データ」に関する洞察を得ることが可能となります。暗号化されたデータを暗号化したまま分析できるようにする準同型暗号は，会計データサイエンスのさらなる発展に寄与すると考えています[(3)]。

Ⅴ　まとめ

　機械学習は，将来予測やデータの分類を可能とする強力な手法であり，ビジネスの課題を解決するための大きな可能性を秘めています。ビジネスの課題に対して会計データを活用できる余地は大きく，会計データサイエンスの枠組みで機械学習を活用するシーンは今後も増えると予想されます。AIによるビジ

---

(2)　日本公認会計士協会東京会（2020）では，不正シナリオを企業間で共有することで，不正検知に関する種々のコストを低減できるメリットがあると述べられています。
(3)　四方（2019）は準同型暗号の意義や技術，最近の研究動向について解説しています。

ネスの変革が叫ばれていますが，実際のところは本章で扱ったような機械学習をはじめとするプログラムこそが AI の正体であり，そこには当然限界も存在しています。私たち会計データサイエンスの実践者は，流行語に踊らされることなく，正しい理解をもってビジネスの課題に対処する必要があるでしょう。

 参考文献

- 浅川伸一・江間有沙・工藤郁子・巣籠悠輔・瀬谷啓介・松井孝之・松尾豊（2018）『深層学習教科書 ディープラーニング G 検定（ジェネラリスト）公式テキスト』翔泳社

  > ディープラーニングの基礎知識を有し，適切な活用方針を決定して，事業活用する能力や知識を有しているかを確認するための試験のテキストです。基礎知識を学習するためにはオススメの 1 冊です。

- 有賀康顕・中山心太・西林孝（2018）『仕事ではじめる機械学習』オライリー・ジャパン

  > 機械学習を実務に応用するためのナレッジや思想についてまとめた 1 冊。ビジネスやプロジェクトに機械学習を活用するための心構えなどが書いてあるためオススメです。

- 市原直通・首藤昭信（2017）「FinTech × 監査の現状：AI で見抜く不正会計」『企業会計』Vol.69 No. 6 ：55-63 頁。
- 四方順司（2019）「量子コンピュータの脅威を考慮した高機能暗号：格子問題に基づく準同型暗号とその応用」『金融研究』Vol.38 No. 1 ：73-96 頁。
- 塚本邦尊・山田典一・大澤文孝（2019）『東京大学のデータサイエンティスト育成講座：Python で手を動かして学ぶデータ分析』マイナビ出版
- 日本公認会計士協会東京会（2020）「会計監査におけるデータ分析の実践」公認会計士業務資料集第 59 号　IT 委員会研究報告書。

機械学習プロジェクトの流れ

第6章において，とあるたこ焼き屋のデータを用いて機械学習の手法を学びました。しかし，実際のビジネスにデータサイエンスを適用するためには，以下のようなプロセスが求められます。

> 1．ビジネスの理解
> 2．生データの収集
> 3．データ分析基盤を構築
> 4．モデルの構築
> 5．実務への適用およびモデルの評価

ここではデータサイエンスを適用するための1つの例として，バンダイナムコエンターテインメント（以下「バンナム」といいます）における機械学習の実践例[4]を取り上げながら，実際のデータサイエンスプロジェクトのイメージを深めていきましょう。

1．ビジネスの理解

データ分析はビジネスの課題を解決するための「手段」です。データ分析で得られた知見をビジネスの現場で役立てられて初めて価値が生まれます。したがって，「解決したい課題は何なのか」をはっきりさせておくことが機械学習プロジェクトにおいてまず考えるべき点です。そのためにはビジネスの理解が欠かせません。

バンナムの例では，広告施策の改善によって，収益性の高い顧客を獲得したいという課題がありました。スマートフォンゲームの制作企業において，ユーザーによるゲームコンテンツへの課金は，とても重要な収益源です。しかし，ユーザーの中にはゲームを無料のまま楽しみたいと考える「無課金ユーザー」もおり，そういったユーザー層にゲームをすすめる広告を配信しても，投資対効果は見込めないでしょう。

そこでバンナムは「新規ユーザーのライフタイムバリューを増やすこと」を目的として設定し，その中で課金する可能性が高いであろう「潜在課金ユーザー」の特徴を把握し，その人たちに対して重点的に広告を配信するという方法を採用しました。

---

(4) 石井一樹「スマートフォン ゲーム ユーザーの行動を機械学習で予測，効率的な広告配信で顧客生涯価値（LTV）アップ バンダイナムコエンターテインメント」2019年11月（https://www.think withgoogle.com/intl/ja-jp/bandainamco/），「株式会社バンダイナムコエンターテインメント：マーケティングで活用するDWHをGCPで構築」2019年12月20日（https://cloud.google.com/blog/ja/topics/customers/bandai-namco-entertainment-dwh-gcp），三木泉「バンダイナムコエンターテインメント，DeNA，リクルートテクノロジーズが語ったデータ基盤改革，『何を』『なぜ』『どのように』」2020年4月6日（https://www.atmarkit.co.jp/ait/articles/2004/06/news020.html）

2．生データの収集

　データ分析をいざ実践しようにも，そもそもデータが収集されていなければ，分析のスタートラインに立つことができません。そのため，データを収集するための基盤を構築することが求められます。

　バンナムのケースではソーシャルゲームを提供しているということもあり，ユーザー属性やゲーム内での課金傾向をデータとして収集するのが他業種に比較して簡単であったと考えられます。もちろんデータの収集の難易度は，業種，ビジネスモデル，解決したい課題によって大きく変わってくるでしょう。

3．データ分析基盤を構築

　データサイエンスの実践にあたり，必要なデータを必要なときに利用できる環境を構築することは重要です。しかし実際のところは，部署ごとに異なるポリシーでデータを保持し情報共有や連携ができておらず，必要なデータが散在しているようなケースも多いです。このように散在したデータに対処すべく，部門横断的にデータを集約し利用するために最近注目されているのが，データウェアハウス（DWH）です。データウェアハウスとは，企業内の複数部門をまたいでデータを収集し，それらを統合的に管理するために最適化されたデータベースのことを指します。なお，データウェアハウスの説明は，**第9章**でより詳しく取り上げます。

　バンナムの場合は，アプリ，Web，アンケート，EC サイト，ソーシャルネットワーク，問い合わせなどのデータをすべて統合して，Google Cloud Platform（GCP）の DWH サービス「Google BigQuery」にデータを収集し，分析のための環境を整えていました。

4．モデルの構築

　ビジネスの課題に対してどんな数学的手法を用いるかを検討するのは，データサイエンスの中でも特に重要なステップといえます。バンナムはビジネスを十分理解した上で目的を明確化し，データ分析のための土壌を整え，機械学習による分析が適切であると判断しました。バンナムが実際にどのような機械学習モデルを利用したのかは公開されていませんが，過去のユーザーデータから有料ユーザーになりやすい人の特徴を掴むことができたと述べられていますので，何らかの「教師あり学習」を利用したと考えられます。

5．実務への適用およびモデルの評価

　データ分析の結果は絶対の真実ではありません。あくまで仮説ですので，それを実際に検証する必要があります。バンナムのケースにおいては，効果測定したい広告を配信するグループと，ダミー広告を配信するグループとを

比較する A/B テストという手法を用いて効果検証を行いました。その結果，広告配信後 2 カ月間の有料ユーザーの支払額を 2 グループで比較したところ，前者が後者に比較しての 70％増という結果を得ました。

6．まとめ

　バンナムの事例は機械学習を利用した問題解決のお手本となるものです。機械学習はモデルの構築に着目されがちではありますが，その前段階であるビジネスの理解やデータ収集および分析基盤の構築，そして，機械学習で解ける問題と解けない問題の線引きを行うことが大切です。今後機械学習プロジェクトを行いたい場合は，本事例が大いに参考になるでしょう。

第 **7** 章

会計データの異常検知をしよう

──── Episode 7 ────

　竹山さんは，ここ最近「異常検知」という単語を見かける機会が増えてきたように感じています。会計専門誌を読んでいてもしばしば関連する論文をみかけますし，BIG4 でも不正会計の検知について研究を行っていたり，実務への応用も活発な様子です。

　「ウチの会社でも，営業所の営業利益率と家賃の相関関係などから異常値を発見することが可能なんじゃないか…？」

　新たな可能性に高鳴る胸を抑えきれない竹山さんは，異常検知の学習を始めてみることにしました。

Ⅰ　本章の目的

　異常検知は様々な分野で登場します。会計分野における異常検知といえば会計不正の検知が有名です。そのほかにもクレジットカードの不正利用検知，工場における異常音検知，患者さんの症状変化検知等の応用があります。今回は会計データを題材に異常検知の様々な設計方法を学びましょう。

Ⅱ　異常検知の問題設計

　異常検知とは手法の総称というより，応用の枠組みのことをいいます。たとえば，主に予測問題に用いられる線形回帰分析は異常検知問題にも用いることができます。井手（2015）や井手・杉山（2015）では，統計や機械学習の様々な手法を異常検知で用いる場合について定式化とプログラムを解説しています。

　まず，「異常」とは何でしょうか。たとえば，仕訳ではこれまで入力された

ことのない仕訳，工場のモニタリングでは故障の兆候となる音，患者さんの生体信号ではこれまでの時間変化パターンと異なるパターン等を「異常」として扱っています。「異常」を検知したいという場合は，検知したい対象があって，それが未知なものであったり，例が少ない事象である場合が多いといえますが，「異常」は課題によって異なりますので，正常ではないというほかに統一的に定義することは困難です。異常検知を行うような場合には，何を異常とするのかは応用分野や状況に応じて変わってきます。

　次に，異常検知問題はどのような枠組みなのかを見ていきましょう。異常検知問題は，与えられた画像にネコが映っているかイヌが映っているかを分類する問題のように，正常なデータと異常なデータの分類問題と見ることができます。しかし，正常と異常にラベル付けされた教師データがないケースや，正常や異常を直接定義できないケースがある点で，イヌの画像 vs. ネコの画像の分類問題と異なります。このように異常検知問題は状況によって取りうる手段が変わります。この観点から異常検知問題を 3 つに分類します。

⑴　正常データと異常データがある（「正常」と「異常」のどちらも定義できる）

⑵　正常データだけある（「正常」だけを定義できる）

⑶　正常データがないが異常データがある（「異常」だけを定義できる）

　⑴のケースは通常の分類問題として扱うことができます。たとえば，不正を含む財務諸表の検知です。これは財務諸表金額から作成した経営指標を入力として，財務諸表が不正を含んでいるかを予測するものです（Dechow *et al.*, 2011；Song *et al.*, 2016）。このケースでは，過去に提出された財務諸表の経営指標と，それが不正を含むか否かの分類を学習させています。ここで 1 つ問題があります。不正を含む財務諸表は少数であるため，学習データが不正を含まない正常データに大きく偏ってしまうのです。このように異常検知を正常と異常とに分ける分類問題として扱える場合，データのほとんどが正常データになってしまうという不均衡データの問題が生じるケースが多いのです。この異常検知における不均衡データの問題については，様々な対処法が研究されています[1]。また，一旦は分類問題として解くことを諦めて，⑵のケースの手段をとるという選択もあります。すると，異常検知を運用していく上で異常データが蓄積する仕組みをつくり，異常データがある程度集まった段階で分類問題とし

て扱うこともできます。なお，分類問題については**第6章**で詳しく扱っているため，本章では省略します。

　(2)のケースは異常検知の典型といえます。冒頭で紹介した異常音検知や症状変化検知は，これに当てはまる場合が多いと考えられます。このケースは次節以降で詳しく扱います。

　(3)のケースは，たとえば会計監査における仕訳テストがこれに該当します。監査基準報告書240「財務諸表監査における不正」では，不正の仕訳の兆候をいくつか列挙しています。たとえば，「取引とは無関係な又はほとんど使用されない勘定を利用した仕訳入力」は「異常」を直接定義できています。異常検知の問題を解くにあたっては，異常検知の応用には様々なケースがあり，何を「異常」とするかもケースバイケースであるということに注意をする必要があります。

　まず，データ分析の応用で達成したい目的が存在し，その上で，異常検知問題として扱う場合に何を「異常」とするかを決定します。たとえば，財務諸表監査において，仕訳を分析して虚偽の仕訳を発見するという目的があるとします。しかし，虚偽の仕訳を具体的に記述することは難しいです。そこで，これを異常検知問題として扱うことにしました。はじめのステップとして虚偽の可能性が疑われる異常な会計仕訳を洗い出し，次に，検知された仕訳に虚偽の仕訳がないかを仕訳の根拠で確認します。この場合，虚偽の仕訳を直接検知せずに，虚偽が疑われる仕訳を異常検知として検出します（**図表7-1**）。つまり，異常検知により検出した仕訳から虚偽の仕訳の確認まで実施することで目的が達成できるということです。なお，虚偽の仕訳のデータをたくさん持っている場合は，分類問題を解いて目的を直接達成することもできます。

　異常検知を実際に行う場合には，(1)や(3)が直接的な解決方法になる場合や，逆に，(1)や(3)の方法でないと最終的な目的を達成できない場合があります。次節以降は，(2)のケースについて具体的に異常検知の手法を紹介します。

---

(1)　不均衡データの扱いについては，①少数ラベルのデータにノイズを付与したデータも用いて水増しする方法，②学習において少数ラベルを何回も使用する方法，③まず最初に多数ラベルデータを用いた異常検知タスクでモデルを学習させ，次にモデルの一部を少数ラベルも用いたタスクで学習させる多段階の学習方法（Ruff *et al.*, 2020）といったアプローチがあります。財務諸表の不正検知で，不正を含む財務諸表が少ない問題を不正データの使用頻度を大きくしたランダムフォレストを用いて対処している例があります（宇宿ほか，2019；Chen *et al.*, 2004）。

図表7－1　虚偽の仕訳を発見するプロセス

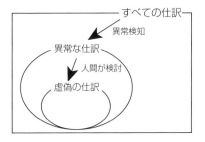

本題に入る前に，計算とデータ処理，日本語描画のためのライブラリをインストールしておきます。

コード7－1 ▶

```
1   # ライブラリをインポートする
2   # 計算とデータ処理のためのライブラリ
3   import pandas as pd
4   import numpy as np
5
6   # データ可視化のためのライブラリ
7   import matplotlib.pyplot as plt
8
9   # 日本語描画のためのライブラリのインストール
10  # ローカル環境の場合はインストール先に注意
11  !pip install japanize-matplotlib
12  import japanize_matplotlib
```

Ⅲ　異常検知の実践

　前節Ⅱ「異常検知の問題設計」(2)のケースは「正常」が何かを定義できればよいということになります。正常というラベルのついたデータがあるならば，この正常ラベルデータと類似していることを「正常」と定義することができます。このケースは次節Ⅳ「教師データを用いた異常検知」以降で扱います。

　まずは，最も簡単に行える方法を紹介します。それは「正常」を「他にも類似しているデータがあること」と定義する方法です。言い換えると，「異常」を「他に類似するデータがないこと」と定義することともいえます。

　では，イメージするために営業所の営業利益率と賃料のデータをもとに異常

検知を実践してみましょう。営業統括部長であるあなたは，全国の営業所の収益性について責任を負っています。今回が事業開始後の初めて迎える月末であり，過去のデータ等は持っていないこととします。今月末の成績が各営業所から送られてきました。このうち営業所フロアの賃料と営業利益率に着目していきます。それではデータを見てみましょう。Xは賃料，Yは営業利益率です（**図表7－2**）。

コード7－2　▶

```
1   # サンプルデータを作成する
2   from sklearn.datasets import make_regression
3
4   # make_regressionで相関のあるデータを生成
5   X, Y, coef = make_regression(random_state=1,n_samples=100,n_features=1,
                          n_informative=1,noise=100.0,bias=-0.0,coef=True,)
6   data_prep = pd.DataFrame()
7
8   # 縮尺を調整
9   data_prep["X"] = (X[:, 0] * 10000 + 40000) / 100000
10  data_prep["Y"] = Y * 0.001 + 0.1
11
12  # 単純な相関では面白くないので指定の範囲のデータを欠落させる
13  data_prep = data_prep.query("X > 0.2 & Y > 0")
14  data = data_prep.query("X > 0.4 | Y < 0.15")
15
16  # サンプルデータの様子を見る（図表7－2）
17  df = data
18  df.head()
```

▶実行結果

図表7－2　サンプルデータの様子

	X	Y
0	0.338824	0.019808
1	0.375063	0.127197
2	0.448852	0.056073
3	0.476201	0.359471
4	0.551982	0.331027

このデータを散布図でみたものが，**図表7－3**です。

コード7－3

```
1   # 生成したデータを可視化（図表7－3の散布図）
2   plt.figure(figsize=(8, 6))
3   plt.scatter(data["X"], data["Y"], marker=".", s=100, c="darkblue")
4   plt.xlabel("賃料 [百万円]", fontsize=16)
5   plt.ylabel("営業利益率", fontsize=16)
```

実行結果

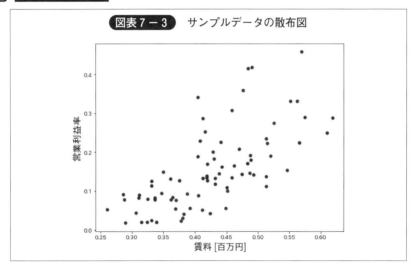

図表7－3　サンプルデータの散布図

先述した異常の定義に基づけば，他のデータから孤立しているデータ点は「異常」ということになりますが，これはどう定式化されるでしょうか。

1つの方法は最も近いデータ点との距離を「異常度」と定義し，この異常度がある値（このような値を閾値と呼ぶ）を超えている場合を「異常」と判定する方法です。これは k 近傍法と呼ばれている方法で，scikit-learn で実施できます。

それぞれのデータについて各データとの距離を計算していますが，自分自身との距離も計算されてしまうため，n_neighbors を2にして，自分自身の次に近いデータ点との距離を出力するようにしています。**図表7－4**にそれらの距離，すなわち異常度の大きさを各点の周りの円の半径で表しました。孤立している点ほど異常度が大きいことがわかります。

コード7－4　▶

```
1   # 以下のライブラリを用いてk近傍法を実施する
2   from sklearn.neighbors import NearestNeighbors
3
4   # k近傍法クラスを初期化する
5   # 学習データに判定データと同じデータが入るため，k+1番目の距離まで計算
     する（図表7－4，矢印は筆者による）
6   k = 1  # k=2の場合（図表7－5，矢印は筆者による）はここを変更
7   nn = NearestNeighbors(n_neighbors=k + 1)
8
9   # 学習データを設定
10  nn.fit(data)
11
12  # 判定データを代入し，学習データとの距離を計算
13  dist, ind = nn.kneighbors(data)
14
15  # 学習データと判定データが同じであるため，distのcolumn 0には自分を含め
     て一番近い点との距離，つまりすべて0が入る
16  # したがって，自分を含めずに一番近い点との距離はcolumn 1（k=2の場合は
     column 2）に入っている
17  scores = dist[:, k]
18
19  # 可視化のために最小値が0，最大値が1になるように縮尺を調整
20  scores_minmax = (scores - scores.min()) / (scores.max() - scores.min())
21  plt.figure(figsize=(8, 6))
22  plt.scatter(data["X"], data["Y"], c="b", s=4, cmap="jet")
23
24  # データ点を中心とする円を描画する
25  # "s=scores_minmax*1000" はサイズに異常度スコアを縮尺を調整して入力し
     ている
26  plt.scatter(data["X"],data["Y"],edgecolors="darkblue",
         s=scores_minmax * 1000, facecolors="none",label="Outlier scores",)
27  plt.xlabel("賃料 [百万円]", fontsize=16)
28  plt.ylabel("営業利益率", fontsize=16)
```

➡️ 実行結果

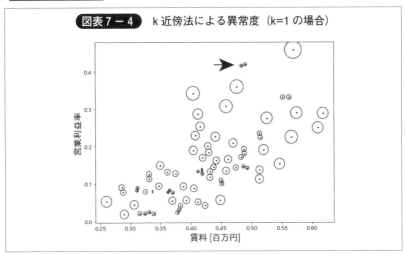

図表 7 － 4　k 近傍法による異常度（k=1 の場合）

今度は k=2 の場合でやってみましょう。**図表 7 － 5** の矢印の点は k=1 では異常度は小さい。つまり，異常なデータが 2 つあり，これらがよく似ている場合は k=1 では異常になりませんが，k=2 では異常になるのです。k をいくつとすることが望ましいかは，試行錯誤するしかありません。

図表 7 － 5　k 近傍法による異常度（k=2 の場合）

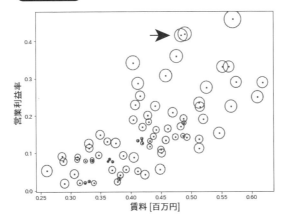

今回の例は数個の点しか異常を判定していないため，目視でもよいのではな

いかと感じるでしょう。しかし，実際にはすべての営業所の営業利益率と賃料を毎月モニタリングする必要があるので面倒です。そのような場合に，異常度として数値化して閾値を超えたらアラートを出すという仕組みの効果が発揮されます。ところで，今回は「正常」を「他にも類似しているデータがあること」と定義して異常検知を行いました。このいわゆる「仲間はずれ検知」で使うデータは，必ずしも正常であることがわかったデータである必要はありません。今回のように正常か異常かわからないデータでも実施できます[2]。

　次節では，月次報告のデータが蓄積したと仮定して，過去データに基づいて異常を検知する方法を紹介します。

Ⅳ　教師データを用いた異常検知

　事業開始後，2度目の月末が到来し，営業利益率と賃料にはある程度関係性があることがわかってきました。ここで，あなたは営業利益率と賃料の範囲を定義し，この範囲から外れたら異常であると判定することにしました。先ほどのデータは前月のデータであるとして，これを教師データとして利用します。

　ここで当月提出されたとある営業所の営業利益率0.2と賃料35（0.35百）万円が適正か否かを判定してみましょう。この点は**図表7－6**に★で示してあります。

コード7－5　▶　（コード7－1, 7－2の実行を前提）

```
1  # 異常判定をするデータ（賃料0.35百万円，営業利益率0.2）を作成
2  test_sample = pd.DataFrame([0.35, 0.2],
                              index=data.columns).transpose()
3  # 生成したデータを可視化（図表7－6）
4  plt.figure(figsize=(8, 6))
5  plt.scatter(data["X"], data["Y"], marker=".", s=100, c="darkblue")
6  plt.scatter(test_sample["X"], test_sample["Y"], marker="*", s=200,
              c="darkblue")
7  plt.xlabel("賃料 [百万円]", fontsize=16)
8  plt.ylabel("営業利益率", fontsize=16)
9  plt.show()
```

---

(2)　k近傍法のほかに同様の使い方ができるアルゴリズムに，局所外れ値度法やIsolation forestがあります。どちらもscikit-learnで簡単に実施できるため試してみてください。また，市原・首藤（2017）では会計仕訳に対してこの考え方の異常検知を応用しています。

実行結果

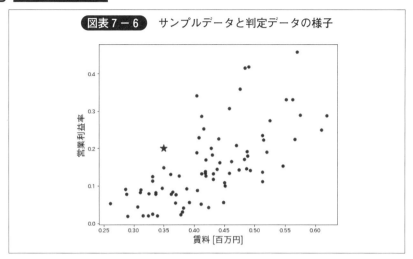

図表7−6　サンプルデータと判定データの様子

今回もk近傍法を用いてみましょう。すなわち，正常とみなす過去のデータのうち最も近い点との距離を異常度とします。

コード7−6 ▶

```
1  # Ⅲと同様にk近傍法を実施する
2  from sklearn.neighbors import NearestNeighbors
3
4  # k近傍法クラスを初期化する
5  nn = NearestNeighbors(n_neighbors=1)
6  nn.fit(data)
```

実行結果

```
1  NearestNeighbors(n_neighbors=1)
```

今回は新しいデータ点と前月の各データ点との距離を計算するため，n_neighbors は1でよいです。営業利益率0.2と賃料35万円について最も近傍な点との距離を計算してみましょう[3]。

---

[3] 営業利益率と賃料とではスケールが異なります。今回は賃料を百万単位にして調整していますが，本来はそれぞれ標準化して計算するのがよいです。

コード 7 − 7　　　▶

```
1  # 学習データと判定データは別のため，1番目の距離まで計算
2  dist_test, _ = nn.kneighbors(test_sample)
3  print(dist_test[0][0])
```

実行結果

```
1  0.05063050690398735
```

　結果は 0.0506 でした。もし閾値として 0.05 を設定していればこれは異常と判定されることになります。この異常判定方法がどの範囲を異常としやすいのかを調査するために，図表の範囲の様々なデータ点について異常度を計算し，天気予報の降水量の図のように異常度の大きさを色で可視化してみました（**図表 7 − 7**）。**図表 7 − 7** の色の薄い領域は正常データのどれかに近く，濃い領域ほどどの正常データからも遠いという形で表現されています（階段状に色をつけていますが，実際には最も近い正常データとの距離が遠くなるほど徐々に異常度が増加しています）。

コード 7 − 8　　　▶

```
1   # 正常範囲の可視化
2   # データ周りの範囲について1000 x 1000の格子座標データを生成（grid_xと
    grid_yはそれぞれx座標とy座標が入っている）
3   grid_x, grid_y = np.meshgrid(np.linspace(data.min()["X"] - 0.05, data.
    max()["X"] + 0.05, 1000), np.linspace(0,data.max()["Y"] + 0.05, 1000),)
4   # 格子データについて異常度を計算（grid_xとgrid_yをそれぞれ1列に整形し
    て代入）
5   density_score, _ = nn.kneighbors(np.c_[grid_x.ravel(), grid_y.ravel()])
6   # もとの1000 x 1000のサイズに戻す
7   density_score = density_score.reshape(grid_x.shape)
8   plt.figure(figsize=(8, 6))
9   # density_scoreの値で等高線図を作成し，座標ごとの異常度を可視化
10  plt.contourf(grid_x, grid_y, density_score, cmap=plt.cm.Blues,)
11
12  # データ点を重ねて可視化
13  plt.plot(data["X"], data["Y"], "k.", markersize=2)
14  plt.scatter(test_sample["X"], test_sample["Y"], marker="*", s=100,
              c="darkblue")
```

```
15  plt.xlabel("賃料 [百万円]", fontsize=16)
16  plt.ylabel("営業利益率", fontsize=16)
17  plt.show()
```

実行結果

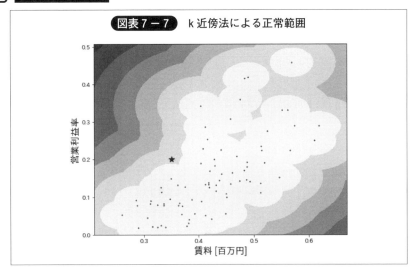

図表 7 － 7　k 近傍法による正常範囲

　この方法は正常データに強く依存し，特に，密集している正常データと比べて，縁にある正常データの影響が大きくなります。したがって，正常データとして使用するデータに，異常として検出すべきものがないようにする必要があります。一方，縁のデータに依存しすぎないようにデータの発生しやすさをモデリングすることもできます。営業利益率と賃料がある程度まとまっており，かつ相関関係があるという前提を置き，この領域を 2 変量正規分布で表現することを考えます。

　図表 7 － 8 左図のように，3 次元でみた 2 変量正規分布は山なりの分布になります。この分布の高さを確率密度と呼びます。**図表 7 － 8** 右図は上から見た図です。色が濃いほど確率密度が小さいことが表されています。すると，同心円状に確率密度が低くなっていることがわかります。

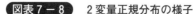

図表 7 - 8　2 変量正規分布の様子

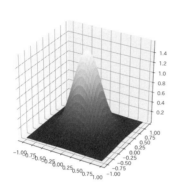 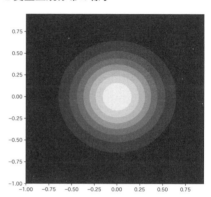

　なお，パラメータによって頂点の位置や広がりの程度が変化し，また，円状ではなく楕円状にもなります。正規分布のデータへの当てはめも scikit-learn のライブラリで実施できます。

　図表 7 - 9 はデータに最も当てはまるようにパラメータを決めた 2 変量正規分布を示しています。×印は当てはめた正規分布の頂点の位置を示しています。

コード 7 - 9　▶

```python
1  # 正規分布の当てはめを実施する
2  from sklearn.mixture import GaussianMixture
3
4  # 1つの正規分布で当てはめる場合はn_components=1 （⇒図表 7 - 9），2つの
   正規分布の混合で当てはめる場合はn_components=2 （⇒図表 7 - 10）とする
5  gm = GaussianMixture(n_components=1, n_init=10, random_state=42)
6  gm.fit(data)
7  # 正常範囲の可視化
8  # 格子座標データについて異常度を計算
9  density_score = -gm.score_samples(np.c_[grid_x.ravel(),
                                          grid_y.ravel()])
10 density_score = density_score.reshape(grid_x.shape)
11 # density_scoreの値で等高線図を作成し，座標ごとの異常度を可視化
12 plt.figure(figsize=(8, 6))
13 plt.contourf(
14     grid_x, grid_y, density_score, cmap=plt.cm.Blues,
15 )
16 plt.plot(data["X"], data["Y"], "k.", markersize=2)
17 plt.scatter(gm.means_[0, 0], gm.means_[0, 1], marker="x", s=100,
               c="gray")
```

```
18  # 2つの正規分布を当てはめる場合は1つ下の行も実行（図表7-10）
19  # plt.scatter(gm.means_[1,0], gm.means_[1,1], marker='x', s=100,
             c='gray')
20  plt.scatter(test_sample["X"], test_sample["Y"], marker="*", s=100,
             c="darkblue")
21  plt.xlabel("賃料 [百万円]", fontsize=16)
22  plt.ylabel("営業利益率", fontsize=16)
23  plt.show()
```

⊂➤ 実行結果

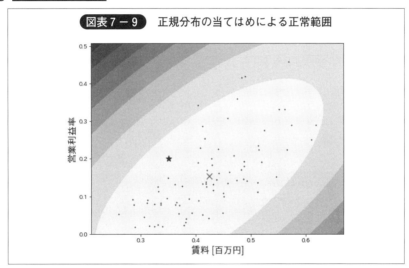

図表7-9 正規分布の当てはめによる正常範囲

　この2変量正規分布の確率密度が低いほど異常だとし，異常度を-1×★における確率密度の自然対数として定義しましょう（確率密度が小さいほど大きな値，つまり，より「異常」になります）。

コード7-10 ▶

```
1  # 異常度の計算
2  print(-gm.score_samples(test_sample)[0])
```

⊂➤ 実行結果

```
1  -1.7691719505535994
```

　計算結果は −1.769 でした（相対的な値なので負の数であることに意味はな
く，絶対値が大きいほど「異常」となります。たとえば，閾値が −2 であれば
「異常」と判定されます）。

　このような，モデルがパラメータを持つ分布から成り，それをデータに当て
はめる手法は，パラメトリックな手法と呼ばれます。一方，k 近傍法のように
そうでない手法はノンパラメトリックな手法と呼ばれています。ノンパラメト
リックな手法では，モデルが学習データに大きく依存するため，データが信頼
できる必要があります。一方で，パラメトリックな手法においては，モデルは
データだけでなくあらかじめ決めた分布の形状（先ほどの例では正規分布）に
も大きく依存します。

　では，もう一度**図表7 − 6**を見てみましょう。見方によってはデータが2つ
の分布から成っているようにも見えます。そこで今度は，データの分布が，2
変量正規分布が2つ重なってできた分布であるものとして，2つの正規分布を
当てはめてみましょう。先ほどと同様の関数で n_component を2にすること
で実施できます（**図表7 − 10**）。

図表7 − 10　混合正規分布の当てはめによる正常範囲

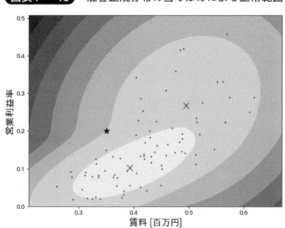

　2つの×印はそれぞれ当てはめた2つの正規分布の頂点の位置を示していま
す。異常度を計算すると，−0.131 であり，正規分布1つの場合と比べて異常
度が小さいことがわかります。

　このように，パラメトリックな方法では，あらかじめ決めたモデルの形状に

よって，異常検知の結果が変わります。正常範囲をいかに正確にモデリングするかが異常検知の精度向上のための重要なカギとなるでしょう。

　データは様々な見方が可能であり，それによってモデルも変わります。そして，どの見方が正しいか（どのモデルが正しいか）は，必ずしもデータだけから決めることはできません。もちろん評価用のデータにおける予測精度でモデルを比較することもできますが，評価に使うデータが十分にない場合等には評価結果自体が信頼できないものとなってしまいます。

　このような場合でも応用分野の知識，つまりデータの生成過程の深い理解があれば，それに基づきモデルを作ることができます。今回の例では「賃料がある程度かかる都会の営業所でないと営業収益の伸びが頭打ちになってしまう」という知識を持っていると，頭打ちになっている領域と相関する領域があることを狙って，2つの正規分布を混合するモデルのほうが望ましいと判断できるのです。

　他の例では，時系列予測で将来の予測数値が0に近づいていくという応用分野の知識がある場合は，時間が経つにつれ0に近くなる分布を用いることで応用分野の知識をモデルに反映させることができます。

　ちなみに，会計監査で用いられる分析的実証手続はこのタイプの異常検知です。さらに，監査では評価に使えるデータが少ないことが多く，モデル選択を未知データを用いた精度評価だけで行うことは困難です。分析的実証手続の成功のために，監査対象の知識を活かして，適切な予測モデルを構築する必要があります。

Ⅴ　潜在的な規則性による異常検知

　前節では正常範囲を定義するには応用分野の知識が重要であると述べました。しかし，現実にはそのような知識を体系化して正常範囲をモデリングするのには大変な手間がかかります。また，「正常データに規則性や法則性が存在することはわかっていても，それがどんなものかはわからない」というような場合に異常検知をしたいといったニーズもあります。そんなときに役立つのはニューラルネットワークです。ニューラルネットワークはモデルの表現力が優れており，学習の過程でデータから特徴量をたくさん合成し，予測に貢献するものを選択します。今回は異常検知に一般的に用いられるニューラルネットワーク

の1つ，オートエンコーダを用いて，取引データの異常検知を行います
(Schreyer *et al.*, 2017)。

　オートエンコーダは**図表7−11**左図のような演算回路で構成されます。**図表7−11**右図はその一部を構成するニューラルネットワークを示しています。ここでは図の○をノードと呼びます。1〜4のノードにはそれぞれ1つずつの値が入ります。次のノードにはこれら1〜4のノードにそれぞれの重みW_1〜W_4が乗じられて合計されます。そして次のノードには関数が設定されており，その合計値に対応した値が出力されます。この関数を活性化関数といいます。

　このようにして，ニューラルネットワークは層を深くしていく過程で入力データから様々な特徴量を合成します。オートエンコーダは中間層のノード数が入力層と出力層よりも少なくなりますが，出力データが入力データに近づくように重みを学習させます。つまり，入力データを復元するために，入力データにあるパターンを学習してくれるのです。

　今回はこのオートエンコーダを用いて異常検知をしていきます。まず，正常データの規則性を学習します。これに異常を判定したいテストデータを入力すると，オートエンコーダは学習したパターンに基づいて復元します。テストデータに正常データと同じような規則性があるほど正確に復元されますが，そうでない場合は入力と復元の誤差（再構成誤差）が大きくなるので，これを異常度とすることができます。

図表7−11　**オートエンコーダの図解**

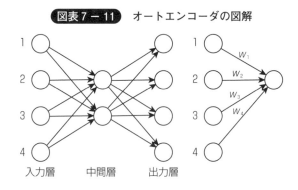

入力層　　　中間層　　　出力層

　ニューラルネットワークは，keras ライブラリを用いれば簡単に使用できます。

　今回用いる取引データは「取引金額」，「取引相手」，「取引日」，「入力日付」，

「入力者」,「承認者」などの項目からなります (**図表 7 − 12**)。「入力者」のデータは「入力者は○○か否か」という列を新たに作り, 0 または 1 の 2 値で表す One-Hot エンコーディングという変換をしています。また, シンプルにするために,「取引金額」のデータは「桁数」と「最高位の数字」の列を作り, これらで代用し, One-Hot エンコーディングにより 2 値変数にしています。

コード 7 − 11 ▶ 会計データの読み込みと下準備

```
1  from google.colab import drive
2  drive.mount("/content/drive")
3
4  # ライブラリをインポートする
5  import pandas as pd
6  import numpy as np
7  import datetime
8  import calendar
9  import matplotlib.pyplot as plt
10 import os
11
12 # Google Colaboratory左側にあるフォルダアイコンからcsvをアップロード,
   データ読み込み
13 transactions = pd.read_csv("/content/drive/MyDrive/サンプルコード一覧/
   data/sec7/transaction_data.csv", index_col=0, parse_dates=[4, 5],)
14 transactions.head(11)
```

実行結果

図表 7 − 12 取引データの様子

	system	operater	approver	input_date	transaction_date	productID	description	tax_class	amount
0	manu	Watanabe	Yamamoto	2010-01-14	2010-01-14	C	cust0	1	13440000.0
1	manu	Watanabe	Yamamoto	2010-01-13	2010-01-13	B	cust2	1	11460000.0
2	sys	Watanabe	Nakamura	2010-01-13	2010-01-11	A	cust2	1	46080000.0
3	sys	Takahashi	Nakamura	2010-01-07	2010-01-05	A	cust4	1	17280000.0
4	sys	Tanaka	Noro	2010-01-15	2010-01-15	B	cust6	1	17460000.0
5	sys	Suzuki	Watanabe	2010-02-09	2010-02-09	C	cust6	1	3320000.0
6	sys	Takahashi	Watanabe	2010-02-22	2010-02-20	B	cust2	1	4320000.0
7	sys	Suzuki	Watanabe	2010-02-21	2010-02-21	B	cust2	1	6540000.0
8	sys	Sato	Watanabe	2010-02-21	2010-02-21	C	cust3	1	3120000.0
9	sys	Sato	Watanabe	2010-02-05	2010-02-05	A	cust2	1	1800000.0
10	sys	Takahashi	Yamamoto	2010-02-06	2010-02-04	A	cust1	1	2250000.0

コード 7 - 12　　▶

```
1  # 最後の1行に不正のような仕訳を入れてある
2  transactions.tail(1)
3  # 金額や日付などをカテゴリ変数にする
4  # 日付からその月の何周目かを取得し，新たな変数にする
5  def get_weeks(x):
6      gw = ((pd.DataFrame(calendar.monthcalendar(x.year, x.month))
              == x.day).sum(axis=1).argmax())
7      return str(gw)
8  transactions["transaction_date_w"] =
                        transactions["transaction_date"].apply(get_weeks)
9  # 日付から何曜日かを取得し，新たな変数にする
10 def get_weekdays(x):
11     return str(x.weekday())
12 transactions["transaction_date_wd"] =
                    transactions["transaction_date"].apply(get_weekdays)
13 # 金額から桁数を取得し，新たな変数にする
14 transactions["amount_digits"] =
       (np.round(np.log10(transactions["amount"])).astype(int).astype(str))
15 # 金額から最高位の数字を取得し，新たな変数にする
16 def first_num(x):
17     return x[0]
18 transactions["amount_num"] =
                        transactions["amount"].astype(str).apply(first_num)
19 # カテゴリ変数をOne-Hotエンコーディングで2値変数に変換する
20 transaction_dummy = pd.get_dummies(transactions[["system","operater",
       "approver","productID","description","tax_class","transaction_date_w",
       "transaction_date_wd","amount_digits","amount_num",]])
21 # データサイズの取得
22 data_size = transaction_dummy.shape[1]
23 # 今回のテストサンプルは1番最後の1行のみ
24 test_num = 1
25 test_trans = transaction_dummy.iloc[-test_num:, :].values
26 # テストサンプル以外を取得
27 train_trans = transaction_dummy.iloc[:-test_num, :].values
28 # 学習用とバリデーション用に分割
29 train_trans, val_trans = np.split(train_trans, [700])
30 print(train_trans.shape)
```

実行結果

```
(700, 46)
```

今回は入力に 46 個の値があるため，入力層と出力層は 46 個のノードになります。**図表 7 - 11** では中間層は 2 つですが，今回は 3 層にしてそれぞれ，16 ノード，8 ノード，16 ノードとします。ネットワークの構造や活性化関数の選択などは学習結果に影響するため，大きく影響するようなものについてはバリデーションデータにおける精度を見ながらチューニングするとよいでしょう。

コード 7 - 13　　▶

```
1  # オートエンコーダを実施するライブラリ
2  from keras.layers import Input, Dense
3  from keras.models import Model
4  from keras import callbacks
5  import tensorflow as tf
6  import random
7  # Kerasの再現性を確保するのは難しいが以下である程度は確保できる（実際に
      random_stateを他の数にして実行して結果が変わることを体験してみよう）
8  random_state = 42
9  os.environ["PYTHONHASHSEED"] = str(random_state)
10 random.seed(random_state)
11 np.random.seed(random_state)
12 tf.random.set_seed(random_state)
13 config = tf.compat.v1.ConfigProto(intra_op_parallelism_threads=1,
                                     inter_op_parallelism_threads=1)
14 sess = tf.compat.v1.Session(graph=tf.compat.v1.get_default_graph(),
                               config=config)
15 tf.compat.v1.keras.backend.set_session
16 (sess)
17
18 # オートエンコーダモデルの作成（ニューラルネットワークは様々な形状があ
      るため，定義が必要）
19 # 入力ノードの定義（ノードは46個数）
20 input_trans = Input(shape=(data_size,))
21
22 # input_transから16ノードの層への関数を定義（活性化関数はReLU関数）
23 encoded = Dense(16, activation="relu")(input_trans)
24 # 16ノードの層から8ノードの層への関数を定義（活性化関数はReLU関数）
25 encoded = Dense(8, activation="relu")(encoded)
26 # 8ノードの層から16ノードの層への関数を定義（活性化関数はReLU関数）
27 decoded = Dense(16, activation="relu")(encoded)
28 # 16ノードの層から46ノードの層（出力層）への関数を定義（活性化関数はシ
      グモイド関数にして0から1の値を出力）
29 decoded = Dense(data_size, activation="sigmoid")(decoded)
30 # 上記の関数でモデルを定義
31 autoencoder = Model(input_trans, decoded)
```

```
32 | # モデルの最適化と損失関数を定義しコンパイル
33 | autoencoder.compile(optimizer="adam", loss="binary_crossentropy")
34 | # 損失が減らなくなった場合の打ち切りを設定
35 | fit_callbacs = [callbacks.EarlyStopping(monitor="val_loss", patience=5,
                   mode="min")]
36 | # オートエンコーダの訓練を実施
37 | # 入力も出力も同じデータである点に注意
38 | autoencoder.fit(train_trans, train_trans, epochs=100, batch_size=32,
      shuffle=True, validation_data=(val_trans, val_trans),
      callbacks=fit_callbacs,)
```

　オートエンコーダの学習をイメージするために，入力データと復元データを可視化してみましょう。今回の入力データは46個の値を持っています。Ⅲ「異常検知の実践」で扱ったデータのように直接散布図では表せません。

　そこで，t-SNEという手法を用いて２次元に投影します（Maaten and Hinton, 2008）。t-SNEについては解説を省略しますが，近いデータ点同士の距離を保つように２次元に投影するイメージを持ってください。入力データは**図表７－13**左図のようにいくつかのクラスターから構成されています。復元データを同様に可視化すると**図表７－13**右図のようにクラスターがより密になっていることから，データの規則性を学習し，データに関係性のないばらつきは復元したデータでは減少していると考えられます[4]。

コード７－14 ▶

```
 1 | # 以下のライブラリを用いてt-SNEを実施する
 2 | from sklearn.manifold import TSNE
 3 | # オートエンコーダにインプットするバリデーションデータを可視化（図表７
      －13左図）
 4 | input_trans_projected = TSNE(n_components=2, random_state=0,
                      perplexity=30).fit_transform(val_trans)
 5 | fig = plt.figure(figsize=(14, 6))
 6 | ax1 = fig.add_subplot(121)
 7 | ax1.scatter(input_trans_projected[:, 0], input_trans_projected[:, 1],
            s=2, c="b", cmap="jet")
 8 | ax1.set_xlim(-20, 20)
 9 | ax1.set_ylim(-20, 20)
10 |
11 | # オートエンコーダの出力を可視化（図表７－13右図）
```

---

(4) Vincent *et al.*（2008）を参考にしています。

```
12 | decorded_trans_val = autoencoder.predict(val_trans)
13 | decorded_trans_projected = TSNE(n_components=2, random_state=0,
                           perplexity=30).fit_transform(decorded_trans_val)
14 | ax2 = fig.add_subplot(122)
15 | ax2.scatter(decorded_trans_projected[:, 0],
                decorded_trans_projected[:, 1], s=2, c="b", cmap="jet",)
16 | ax2.set_xlim(-20, 20)
17 | ax2.set_ylim(-20, 20)
18 | plt.show()
```

実行結果

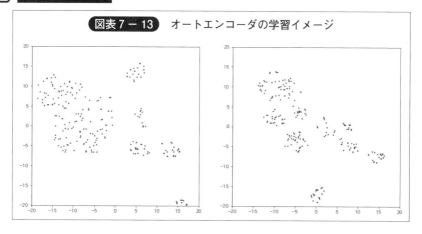

図表7－13　オートエンコーダの学習イメージ

　では，さっそく学習したオートエンコーダで異常検知をしてみましょう。**図表7－14**は異常を判定したいテスト取引データと，学習済オートエンコーダにそれを入力して復元した出力データを比較しています。表の値は，両者のどちらかが0.5以上の値を持つものに絞っています。復元した仕訳で1となっていますが，入力データでは0である要素は，学習取引データをオートエンコーダが学習した規則性では1であることが多いものの，テスト取引データはそうでないことを示しています。異常度は，判定データの入力と復元データの差分のうち，どちらか一方が0.5以上の要素の合計と定義しましょう。これを計算すると8.56になります。

コード 7 – 15 ▶

```
1  # テストサンプルについて学習したオートエンコーダに入力し復元をする
2  decorded_trans = autoencoder.predict(test_trans)
3  score_decord = pd.DataFrame(np.round(decorded_trans, 3),
                               columns=transaction_dummy.columns)
4  score = pd.concat([transaction_dummy.iloc[-1:, :],
                      score_decord]).transpose()
5  score.columns = ["Input", "Decorded"]
6  score["diff"] = (score["Input"] - score["Decorded"]).abs()
7  # 入力が1または復元が0.5以上の変数について入力と復元の差分を計算
8  mask1 = score.iloc[:, 0] == 1
9  mask2 = score.iloc[:, 1] > 0.5
10 score_filt = score.loc[mask1 | mask2, :]
11 print(score_filt["diff"].sum())
12 # 出力結果は，8.560000032186508
13 score_filt
```

➡ 実行結果

図表 7 – 14 テスト取引データの入力と復元

8.560000032186508

	Input	Decorded	diff
tax_class	1.0	1.000	0.000
system_manu	1.0	0.000	1.000
system_sys	0.0	0.994	0.994
operater_Watanabe	1.0	0.871	0.129
approver_Noro	1.0	0.000	1.000
approver_Yamamoto	0.0	0.767	0.767
productID_A	1.0	0.999	0.001
description_cust1	1.0	0.014	0.986
description_cust2	0.0	1.000	1.000
transaction_date_w_2	1.0	0.987	0.013
transaction_date_wd_4	1.0	0.470	0.530
amount_digits_8	1.0	0.723	0.277
amount_num_4	0.0	0.886	0.886
amount_num_9	1.0	0.023	0.977

学習に用いなかったバリデーションデータで同様に異常度を計算し，ヒストグラムにすると**図表7－15**のようになります。異常度8.56のテスト取引データはバリデーションデータの中でもとりわけ異常であるといえるのです。

コード7－16

```
1  # 入力が1または復元が0.5以上の変数について入力と復元の差分を計算（図表
       7－15）
2  mask1 = val_trans == 1
3  mask2 = decorded_trans_val > 0.5
4  mask = mask1 | mask2
5  score_val = (np.abs(val_trans - decorded_trans_val) *
                (mask * 1)).sum(axis=1)
6  plt.figure(figsize=(8, 6))
7  pd.Series(score_val).hist(bins=20)
```

実行結果

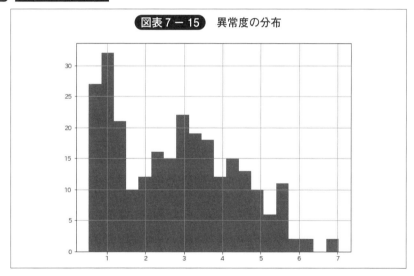

図表7－15　異常度の分布

オートエンコーダを用いた異常検知では，取引データの異常になりやすい要素や一般的な取引データの要素間の関係といった知識を規則性として与えていません。ニューラルネットワークの良い点は，応用対象に適したモデルの知識がなくても，表現能力の高いネットワークが何とかしてくれるので，ある程度の予測精度を持つモデルを自動的に作れてしまうという点です。ただし，たく

さんのパラメータを持つ表現力の高いモデルから最適なモデルを決めるには，一般に多くのデータが必要になります[5]。

　予測精度に関して，近年のニューラルネットワークは著しく発展しています。また，ネットワークの構造まで自動で決めてくれるニューラルアーキテクチャサーチのような研究もあります（Zoph and Le, 2017）。開発が進めば，精度のみを追求した予測モデル構築作業は，データサイエンティストの手から離れていくかもしれません。

Ⅵ　まとめと今後の展開

　本章では，まず異常検知がどのような問題かを説明し，そのうち，正常データがあるケースや正常のみ定義できるケースについて，いくつかの手法を紹介しました。なお，本章では結果の解釈や再現性，計算コスト，運用保守には触れていませんが，これらも重要です。異常検知は多種多様であるため，以下をよく検討してください。

(a) 解くべき問題は何か，そのアプローチとして異常検知を用いることは妥当か

(b) 正常データや異常データは用意できるか，あるいは正常や異常を定義できるか

(c) 使えるデータはどのようなものか，データは十分あるか，モデルに反映させるべき事実はあるか

---

(5) 学習に用いるデータが十分にない場合，それでも手元にあるデータで何とかする方法と類似の大規模データを利用する方法があります。前者はⅣ「教師データを用いた異常検知」で扱ったような応用分野の知識に基づくモデリングです。たとえば，モデルの構造がおよそ折れ線モデルだとわかっているとき，データで傾きのパラメータさえ決めてしまえばよいのです。この場合に必要なデータは，モデルを一から設計して選択する場合と比べて少なくて済みます。後者はあらかじめ類似の大規模データで学習してから本命のデータで学習する方法です（転移学習やファインチューニングはこれに該当します）。たとえば，言語モデルはウェブ上の文章を集めた大規模データを学習させてから個別のタスクの学習を行うケースが多いです。なお，使用する大規模データが不適切だと余計なバイアスが反映されてしまうため注意が必要です。

参考文献

- 市原直通・首藤昭信（2017）「FinTech×監査の現状：AIで見抜く不正会計」『企業会計』Vol. 69 No. 6：55-63頁。
- 井手剛（2015）『入門　機械学習における異常検知 − Rによる実践ガイド』コロナ社
- 井手剛・杉山将（2015）『異常検知と変化検知』講談社
- 宇宿哲平・近藤聡・白木研吾・菅美希・宮川大介（2019）「機械学習手法を用いた不正会計の検知と予測」*RITEI Discussion Paper Series* Vol. 19-J-039.
- Chen, C., A. Liaw, and L. Breiman（2004）Using Random Forest to Learn Imbalanced Data, *Technical Report 666 Statistics* Department of University of California, Berkeley.
- Dechow, P. M., W. Ge, C. R. Larson, and R. G. Sloan（2011）Predicting Material Accounting Misstatements. *Contemporary Accounting Research* Vol. 28 No. 1：pp. 17-82.
- Maaten, L. van der, and G. Hinton（2008）Visualizing Data using t-SNE. *Journal of Machine Learning Research* Vol. 9：pp. 2579-2605.
- Ruff, L., R. A. Vandermeulen, B. J. Franks, K-R. Müller, and M. Kloft（2020）Rethinking Assumptions in Deep Anomaly Detection. *arXiv preprint arXiv:2006. 00339.*
- Schreyer, M., T. Sattarov, D. Borth, A. Dengel, and B. Reimer（2017）Detection of Anomalies in Large Scale Accounting Data using Deep Autoencoder Networks. *arXiv:1709. 05254.*
- Song, M., N. Oshiro, and A. Shuto（2016）Predicting Accounting Fraud: Evidence from Japan. *The Japanese Accounting Review* Vol.6：pp. 17-63.
- Vincent, P., H. Larochelle, Y. Bengio, and P-A. Manzagol（2008）Extracting and Composing Robust Features with Denoising Autoencoders. *Proceedings of the 25th International Conference on Machine Learning.*
- Zoph, B., and Q. Le（2017）Neural Architecture Search with Reinforcement Learning. *arXiv: 1611. 01578v2.*

## 第 8 章

データサイエンスを意思決定に活用しよう

Episode 8

竹山さんは，大澤さんから「管理会計の分野では，データサイエンスの実践例はとても豊富で，そもそも管理会計は意思決定を支援することを使命としているので，ビジネスの課題解決プロセスとしてのデータサイエンスとは，とても相性がいい」と教わりました。また，大澤さんは「マネジャーのための統計的経営分析７つ道具」と題して，管理会計におけるデータサイエンスの技法を紹介している論文（新井，2018）をすすめてくれました。やる気が出てきた竹山さんは，データ分析を意思決定に応用する手法を勉強しようと張り切っています。

I 本章の目的

本章では，データを分析して得た仮説から予測モデルを作成し，それを意思決定に使用するプロセスを学びます。この中でよく出てくる考え方として，ベイズ統計という概念があります。ベイズ統計では不確実性を確率によって定量化し，観測されたデータを用いてパラメータの分布を推定し，それに基づいて確率を更新するというプロセスを経ます。

観測値や他のデータについての知識によって，統計的推論をすることにより，観測値の不確実性を絞ることができます。ベイズ統計モデリングは，このような統計的推論を自然に実行できるモデルであり，昨今非常に注目されている手法です。

本章を通じて，会計業務にベイズ統計モデリングがどのように活用されるのかを確かめていきましょう。

Ⅱ　投資意思決定の分析と課題

　新規設備を購入するかどうか，プロジェクトを採択するかどうか，といった検討を行うのは，経営上の意思決定における重要なシーンの 1 つです。このような投資意思決定は，将来にわたるキャッシュフローを左右することとなります。こうした意思決定に指針を与えるのが，NPV（Net Present Value；正味現在価値）に基づく経済性分析です。

　NPV 法は将来にわたって効果が現れるような投資案について，キャッシュフローの見通しや資本コストを加味した判断が下せる優れた方法です。将来キャッシュフローの予測においては通常，好景気を前提にしたシナリオや，製品の需要が思ったほど伸びなかったときのシナリオなど，いくつかのパターンを事前に想定し，それぞれの NPV を計算することが多いです。

　しかし実際は，はじめの数年間は生産規模を維持し，その後需要が減退したら規模を縮小するとか，予想を超える反響があれば投資をさらに加速させるといった，柔軟な意思決定が行われます。したがって，できるだけ多くのシナリオを想定しておくことで，意思決定の精度は高まると予想されるのです。ただ，残念ながら，伝統的な NPV 法には，事前に想定した数通りの固定的なシナリオしか検討対象にできないという限界があります。そういった限界を克服するために，モンテカルロ・シミュレーションという手法を利用することができます。

Ⅲ　モンテカルロ・シミュレーションの概要

　モンテカルロ・シミュレーションとは，コンピュータを用いて多数の乱数（ランダムな変数）を発生させ，将来の不確実な状況をシミュレーションする手法です。伝統的な NPV 法では，事前に想定したシナリオしか検討対象にできない一方で，モンテカルロ・シミュレーションでは，乱数を用いて何十万というシナリオを人工的に作り出し，シナリオごとのキャッシュフローを計算することで，投資案の経済性を確率分布として捉えることが可能です。

　図表 8 − 1 は，第 1 期から第 10 期までのキャッシュフローがそれぞれ対数正規分布に従うと仮定して乱数を発生させ，100,000 通りのシナリオごとに割引現在価値を算出し，そのヒストグラムを描いたものです。

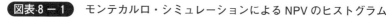

図表8－1　モンテカルロ・シミュレーションによる NPV のヒストグラム

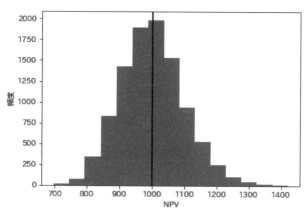

　各期のキャッシュフローの期待値は 100，割引率は便宜上 0 ％としているので，将来のキャッシュフローを 1 つの期待値で計算する伝統的 NPV 法では，この投資案の経済価値は 1,000（ ＝100 × 10 期分）となります。伝統的な NPV 法ではたった 1 つの値（図の太線に示される点）でしか経済価値を表せません。モンテカルロ・シミュレーションは，期待値からどれくらいのブレが起こりうるのかという情報を知ることができ，この投資案に潜むリスクを視覚的にも捉えることができます。

　将来の売上をシミュレーションし，ある一定の値を超えた場合には設備の増強を行い，そうでなければ現状の生産量を維持する，といった柔軟な意思決定が，どのような価値を創出するかを分析することも可能です。このような経営上の意思決定の柔軟性は，しばしば企業価値を増加させる要因となります。そのような柔軟性ないし選択権は，リアル・オプションと呼ばれます。

Ⅳ　ベイズ統計による不確実性のモデリング

　上述のモンテカルロ・シミュレーションでは，起こりうるシナリオごとのキャッシュフローを対数正規分布としてモデルを作成しました。ここで，与えた対数正規分布の形状パラメータは，観測値によらずモデル設計者によって決められています（もちろん過去のキャッシュフロー観測値から対数正規分布の形状パラメータを推定することもあります）。しかし，実際にはキャッシュフロー観

測値が対数正規分布から大きく外れる場合もあります。そのようなときでもベイズ統計モデルを用いれば，観測値の分布そのものを予測することができます。

ベイズ統計モデルによる統計的推論は以下の4ステップです。

1．ベイズ統計モデルで解く問題を定義する。
2．統計モデルをいくつかのパラメータや関数で設計する。ここで，パラメータは確率変数として扱う。
3．観測されたデータを用いてパラメータの分布を推定する。ここで，推定する前のパラメータの分布を事前分布，推定後の分布を事後分布と呼ぶ。
4．さらに，事後分布と統計モデルから，任意のデータについての予測結果を生成する。ここで得られる分布を予測分布と呼ぶ[1]。

図表8-2　ベイズ推論のイメージ図

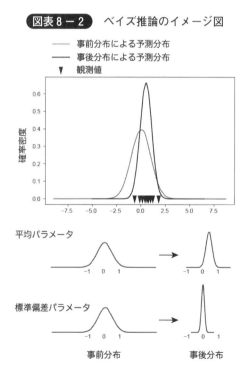

―――――――――――――――

(1)　予測分布の正確な定義は渡辺（2012）を参照。ここでは事後分布を利用して計算する予測を予測分布と呼びます。

　図表8－2では，正規分布モデル（予測分布）の平均と標準偏差のパラメータが，データに合うように推定され，事前分布から事後分布へ更新されているイメージを示しています。ベイズ推論に関する基本的な知識は中妻（2019），渡辺（2012），Martin（2016）にゆずることにし，ここでは，応用例を見ながらイメージを掴んでいきましょう。

V　自己回帰モデルによる在庫予測

　まず，時系列予測を例に見てみましょう。ここでは，将来の在庫の出荷数量を予測することを考えます。
　以下のとおり，データやライブラリの準備をしておきます。

コード8－1　▶

```
1   # セッティング（pyfluxのバージョンは0.4.17を使用しています）
2   ! pip install git+https://github.com/RJT1990/pyflux
3   ! pip install japanize_matplotlib
4
5   # ローカル環境の場合はインストール先に注意してください。
6   # ! pip install pyflux japanize-matplotlib
7   # 計算とデータ処理のためのライブラリ
8   import numpy as np
9   import pandas as pd
10  import datetime
11  import pyflux as pf
12  import matplotlib.pyplot as plt
13  import seaborn as sns
14  # 日本語描画のためのライブラリのインストール
15  import japanize_matplotlib
16
17  # 会計データの読み込みと下準備
18  from google.colab import drive
19  drive.mount('/content/drive')
20
21  # ファイルを保存したディレクトリを指定
22  %cd /content/drive/MyDrive/サンプルコード一覧/data/sec8
```

コード 8 − 2　▶

```
1  # データの把握（図表 8 − 3）
2  # drive上のcsvファイルの読み込み
3  data = pd.read_csv("data_1.csv", index_col=0, header=0,
                       parse_dates=[0])
4  print(len(data))
5  display(data.head())
```

実行結果

図表 8 − 3　データの様子

1095

	NumberOfOrder
Date	
2017-04-01	199.136733
2017-04-02	191.349984
2017-04-03	203.263502
2017-04-04	299.374960
2017-04-05	320.388667

1　問題設定

　X 社は海産物の仲介業者兼倉庫業者であり，漁港で仕入れた海産物を小売業者に卸しているとします。魚介類は新鮮さが命なので，在庫はなるべく持たずに出荷したい。一方で，漁師さんにも 1 週間前には欲しい量を伝えなければなりません。また，入荷は 3 日分まとめて行っているので，1 週間後からの 3 日分を予想する必要があります。直近の出荷量のグラフは**図表 8 − 4** です（**参考**は全期間のグラフ）。この図表から，X 社は出荷量が変動するという不確実性に晒されていることがわかります。

コード 8 − 3

```
1   # 直近3カ月のデータ全区間を可視化（図表 8 − 4）
2   mask = data.index >= datetime.datetime(2020, 1, 1)
3   plt.figure(figsize=(8, 6))
4   plt.plot(data[mask].NumberOfOrder)  # series
5   plt.xlabel("時間", fontsize=16)
6   plt.ylabel("出荷量", fontsize=16)
7   plt.show()
8
9   # データ全区間を可視化（参考）
10  plt.figure(figsize=(6, 4))
11  plt.plot(data.NumberOfOrder)
12  plt.xlabel("時間", fontsize=12)
13  plt.ylabel("出荷量", fontsize=12)
14  plt.show()
```

実行結果

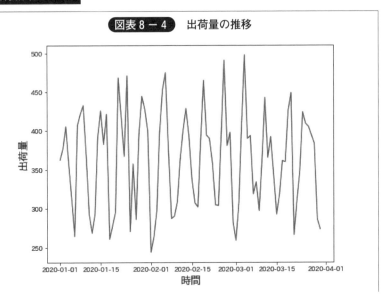

図表 8 − 4　出荷量の推移

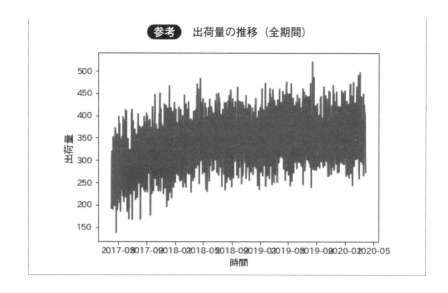

では，1週間後から3日分がどの程度不確実かを見るために，3日分の数量をヒストグラムで見てみましょう（**図表8－5**）。なお，**図表8－5**の滑らかな曲線は，カーネル密度推定という手法で連続的な分布を推定したものです[2]。

```
1   # 3日分の出荷数量のヒストグラム（トレンドがあるため直近1年で計算，図
        表8－5）
2   data_3days = data.rolling(window=3).sum()
3   plt.figure(figsize=(6, 4))
4   sns.distplot(data_3days.iloc[-365:], bins=10, color="b",
                    hist_kws={"rwidth": 0.95}, kde=True)
5   plt.xlabel("出荷総量", fontsize=14)
6   plt.ylabel("", fontsize=14)
7   plt.show()
```

---

(2) カーネル密度推定については**第3章**（91頁）を参照。

実行結果

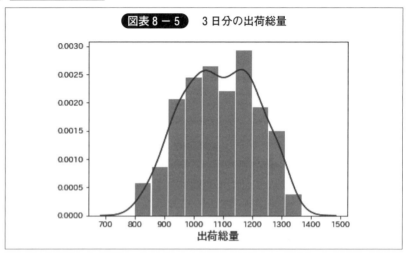

図表8-5　3日分の出荷総量

ヒストグラムからは，3日分の出荷量合計がだいたい800 ～ 1,300であることがわかります。また，定量的に不確実性を測定するために標準偏差を計算すると，124.9という結果が出ます。

コード8-5

```
1  # 標準偏差の計算
2  print("std = ", data_3days.iloc[-365:].NumberOfOrder.std())
```

実行結果

```
1  std =  124.90856212034875
```

標準偏差は対称な分布のばらつきを把握するのに有用ですが，今回の分布は若干歪んでいるということに注意しましょう。**図表8-4**から出荷量にはある程度の周期性があることがわかるので，将来の出荷量に対する統計モデルとして自己回帰モデルを設計します。

2　統計モデルの設計

今回は，直前のいくつかの観測から次の観測を予想する自己回帰モデルを用

います。ウィークリーな周期性を反映させるため，直前の区間は7日前までとします。x を出荷数量として，$x_{t-7} \sim x_{t-1}$ を用いて x_t を予測するモデルであり，以下のような数式で表現されます。

$$x_t = \beta_1 x_{t-1} + \beta_2 x_{t-2} + \cdots + \beta_7 x_{t-7} + \beta_0 + \varepsilon_t$$
$$\beta_k \sim \text{Normal}(\mu_k = 0,\ \sigma_k = 1),\ \ k = 1,\ 2,\ \ldots,\ 7$$
$$\beta_0 \sim \text{InverseGamma}(\text{shape} = 1,\ \text{scale} = 1)$$
$$\varepsilon_t \sim \text{Normal}(\mu = 0,\ \sigma = s)$$
$$s = \exp(s'),\ s' \sim \text{Flat}$$

　モデル式中の $\beta_1,\ \beta_2, \cdots,\ \beta_7$ は過去の観測値の重み，β_0 は時間変化しない数，ε_t は撹乱項です。β や σ はモデルのパラメータであり，このパラメータを推定することで，モデルの予測対象である x_t の生成が可能となります。パラメータの事前分布は，$\beta_1,\ \beta_2, \cdots,\ \beta_7$ が平均0標準偏差1の正規分布，β_0 が逆ガンマ分布，σ_t が一様分布に設定されています。使用する Python ライブラリ PyFlux では，多様な時系列モデルについてベイズ推論が行えます[(3)]。

コード 8 − 6　　▶

```
1   # ARモデルの設計
2   # ARIMAモデル用の関数を呼び出すが，ma=0とinteg=0の設定はARモデルである。
3   y = data.values.T[0]
4   AR_model = pf.ARIMA(data=y, ar=7, ma=0, integ=0, family=pf.Normal())
5   AR_model.adjust_prior(0, pf.InverseGamma(1, 1))
6   # パラメータの設定を表示（図表 8 − 6）
7   parameter_posts = AR_model.latent_variables
8   parameter_info = pd.DataFrame(parameter_posts.get_z_names(),
                                  columns=["default parameter name"])
9   parameter_info.index = ["beta_0", "beta_1", "beta_2", "beta_3", "beta_4",
                            "beta_5", "beta_6", "beta_7", "sigma",]
10  parameter_info["prior distribution"
               ] = parameter_posts.get_z_priors_names()[0]
11  parameter_info["prior distribution initial values"
               ] = parameter_posts.get_z_priors_names()[1]
12  display(parameter_info)
```

(3)　Pyflux reference manual: https://pyflux.readthedocs.io/en/latest/

⇨ 実行結果

図表 8 − 6   パラメータの設定

	default parameter name	prior distribution	prior distribution initial values
beta_0	Constant	Inverse Gamma	alpha: 1, beta: 1
beta_1	AR(1)	Normal	mu0: 0, sigma0: 0.5
beta_2	AR(2)	Normal	mu0: 0, sigma0: 0.5
beta_3	AR(3)	Normal	mu0: 0, sigma0: 0.5
beta_4	AR(4)	Normal	mu0: 0, sigma0: 0.5
beta_5	AR(5)	Normal	mu0: 0, sigma0: 0.5
beta_6	AR(6)	Normal	mu0: 0, sigma0: 0.5
beta_7	AR(7)	Normal	mu0: 0, sigma0: 0.5
sigma	Normal Scale	Flat	n/a (non-informative)

3　パラメータの推定

　ベイズ推論では，パラメータの事後分布を観測データを用いて推定します。事後分布の厳密計算は計算が困難なので，ここではマルコフ連鎖モンテカルロ法（以下「MCMC」といいます）という数値計算による近似手法を用いています[4]。MCMCでは，まず乱数に基づくサンプルを発生させます。次にアルゴリズムに基づき徐々に発生するサンプルが事後分布に近づいていき，収束すれば事後分布からサンプルを抽出できるのです。つまり，MCMCのサンプルの十分に収束した後の部分を取り出すことで，事後分布（におおむね収束していると思われる分布）を手に入れることができます。事後分布に近づいていくまでの十分に収束していない（初期値の影響が残る）期間をバーンイン期間といい，その期間のサンプルは取り除きます。

　推定の結果，パラメータの事後分布が得られました。たとえば**図表 8 − 7**はβ_0の事後分布です。

コード 8 − 7　▶

```
1  # パラメータの推定（実行結果は省略）
2  results = AR_model.fit(method="M-H")
3  # パラメータ推定結果の要約（実行結果は省略）
4  results.summary()
5  # パラメータの事後確率分布のMCMCサンプルをmcmc_sampleに格納
```

---

(4) MCMCについては花田・松浦（2020）にわかりやすく解説されています。

```
 6 │ # バーンイン期間は2000サンプルとし，それ以降を取得
 7 │ mcmc_sample = pd.DataFrame([], columns=parameter_info.index)
 8 │ for itr in range(len(parameter_posts.z_list)):
 9 │     mcmc_sample[parameter_info.index[itr]
   │                 ] = parameter_posts.z_list[itr].sample[2000:]
10 │ display(mcmc_sample) # 実行結果は省略
11 │ # パラメータの事後確率分布（MCMCサンプル）を可視化（図表 8 − 7 ）
12 │ plt.figure(figsize=(6, 4))
13 │ mcmc_sample["beta_0"].hist(bins=20)
14 │ plt.xlabel("値", fontsize=14)
15 │ plt.show()
```

⊦→ 実行結果

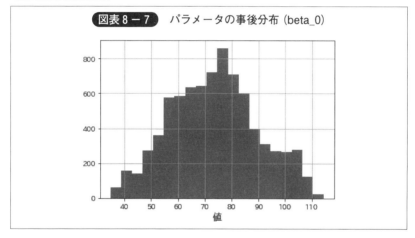

図表 8 − 7　パラメータの事後分布（beta_0）

β_1, β_2, $\cdots$, β_7 の事後分布は，**図表 8 − 8** にエイのような図で示しました（エイの幅が大きいほど確率密度が大きい。正式名称はバイオリンプロット（**第3章**参照））。**図表 8 − 8** からは β_7 が比較的大きいことがわかります。

コード 8 − 8　●▶

```
1 │ # パラメータの事後確率分布（MCMCサンプル）を可視化（図表 8 − 8 ）
2 │ plt.figure(figsize=(6, 4))
3 │ sns.violinplot(data=mcmc_sample[["beta_1", "beta_2", "beta_3",
  │     "beta_4", "beta_5", "beta_6", "beta_7"]],jitter=True,color="gray",)
4 │ plt.xlabel("ARパラメータ", fontsize=14)
5 │ plt.ylabel("値", fontsize=14)
6 │ plt.show()
```

➡️ **実行結果**

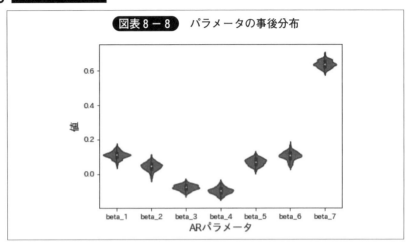

図表 8 − 8　パラメータの事後分布

7日前の観測値が予測に大きく貢献しているため，ウィークリーな周期性を
よく学習しているといえます。

4　予測結果の生成

　この確率分布を用いれば，予測対象の確率分布も計算できます。これは，モ
ンテカルロ・シミュレーションで行えます。パラメータの事後分布からサンプ
ルを抽出し，1点先（翌日の）予測分布を計算します。これを逐次的に計算す
ることで，将来の出荷量の分布を生成することが可能です。**図表 8 − 9**は10
日先までの出荷量の予測生成を示したものです（2,000サンプル計算している
うち5つを例示）。

コード 8 − 9 ▶

```
1  # MCMCサンプルからサンプリングして，一点先予測によるパスを計算（5サン
     プルを例示）
2  np.random.seed(42)
3  n_sim = 5
4  simts_ex = pd.DataFrame(y[-7:].reshape([1, -1]).repeat(n_sim, axis=0),
                           columns=np.arange(-6, 1, 1))
5  rand_v = np.random.randint(0, 8000, n_sim)
6  for forc_num in range(10):
7      x_next = []
```

```
8      for itr in range(n_sim):
9          X_r = simts_ex.iloc[itr, -7:]
10         beta_7to1 = (mcmc_sample[["beta_7", "beta_6", "beta_5",
                       "beta_4", "beta_3", "beta_2", "beta_1"]
                       ].iloc[rand_v[itr], :].values)
11         x_next.append(np.dot(X_r, beta_7to1) + mcmc_sample["beta_0"].
                       iloc[rand_v[itr]] + np.random.normal(loc=0,
                       scale=np.exp(mcmc_sample["sigma"].iloc[rand_v
                       [itr]])))
12     simts_ex[forc_num + 1] = x_next
13 plt.figure(figsize=(6, 4))
14 simts_ex.iloc[0:5, :].T.plot(colormap="Accent").legend(loc="lower
                                                           right")
15 plt.xlabel("日数", fontsize=14)
16 plt.ylabel("出荷量", fontsize=14)
17 plt.show()
```

▶ 実行結果

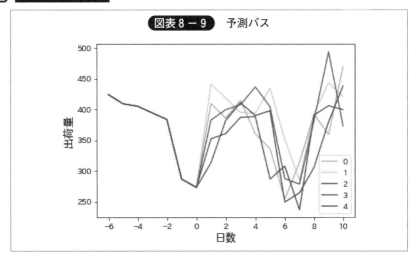

図表 8 − 9　予測パス

5　予測結果の生成と利用

2,000 サンプルについて，1 週間後の3 日分の出荷量の合計を計算し，ヒストグラムにしたものは**図表 8 − 10**になります。この図からわかることは，来月の出荷数量がおおむね 1,000 ～ 1,300 程度であると予測されているということです。

コード 8 — 10　▶

```
1   # MCMCサンプルからサンプリングして，一点先予測によるパスを2000サンプル
    計算し，3日分の出荷総量の予測を計算，可視化
2   np.random.seed(42)
3   n_sim = 2000
4   simts = pd.DataFrame(y[-7:].reshape([1, -1]).repeat(n_sim, axis=0),
                        columns=np.arange(-6, 1, 1))
5   rand_v = np.random.randint(0, 8000, n_sim)
6   for forc_num in range(10):
7       x_next = []
8       for itr in range(n_sim):
9           X_r = simts.iloc[itr, -7:]
10          beta_7to1 = (mcmc_sample[["beta_7", "beta_6", "beta_5",
                        "beta_4", "beta_3", "beta_2", "beta_1"]
                        ].iloc[rand_v[itr], :].values)
11          x_next.append(np.dot(X_r, beta_7to1) + mcmc_sample["beta_0"].
                        iloc[rand_v[itr]] + np.random.normal(loc=0,
                        scale=np.exp(mcmc_sample["sigma"].iloc[rand_v
                        [itr]])))
12      simts[forc_num + 1] = x_next
13
14  plt.figure(figsize=(6, 4))
15  sns.distplot(simts.iloc[:, 7 + 7 : 7 + 10].sum(axis=1), bins=10,
                color="b", hist_kws={"rwidth": 0.95}, kde=True,)
16  plt.xlabel("出荷総量", fontsize=14)
17  plt.ylabel("", fontsize=14)
18  plt.show()
```

⇨ 実行結果

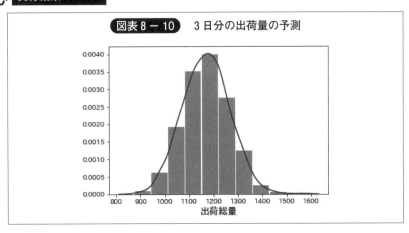

図表 8 — 10　3日分の出荷量の予測

　この企業は，来月の出荷量の目安を予測分布として入手することにより，出荷量の不確実性に対応できます。この分布を**図表8－5**の観測値の分布と比較してみましょう。予測分布の標準偏差は95.7程度ですが，これは観測値をそのまま使った124.9（**コード8－5**）と比較するとかなり絞られています。

コード8－11　

```
1  # 標準偏差の計算
2  print("std = ", simts.iloc[:, 7 + 7 : 7 + 10].sum(axis=1).std())
```

実行結果

```
1  std =  95.65698019557199
```

　ウィークリーな周期性を考慮したモデルの予測で，1週間のどの3日の値が使用されているかがわかっていることにより，予測を絞ることができているのです。なお，予測分布は現実との対応を考えると，ありうる可能性を可視化したものではありますが，現実がどんな結果になるかをドンピシャで予測できるものではありません。また，使用した自己回帰モデルで考慮していない影響が現れると，現実と生成した予測分布が大きく乖離することもあります。次節では，予測分布とモデルの信頼性の評価とあわせて説明します。

VI　ロジスティック回帰モデルによる貸倒予測

　この節では，ロジスティック回帰モデルで売掛金のデフォルトを予測する事例を考えます。

1　問題設定

　この会社では，掛による支払を許容しており，売掛金が回収できない不確実性を負っています。また，与信データベース利用サービスを契約しており，他社の期末時点における総資産収益率（Return on assets（ROA））などの経営指標と，その会社への債権が貸し倒れたか否かといった財務データを入手できます。このことから，得意先の財務データを用いて，自社の売掛金のデフォルトの予測や，ROAなどの経営指標が計算できます。

　なお，自社の売掛金は一括回収のみであり，回収できるか貸倒の二択とします。他社の与信データは**図表 8 − 11** のとおりです。Default 列が 1 のものがデフォルト，0 のものが回収できたことを表します。今回はモデルの評価も行うため，200 レコードのうち後ろ 50 レコードは検証用データとして，学習に使用しません（実際にはランダムに分割するのが望ましいです）。

コード 8 − 12　　▶

```
1   # セッティング（PyMCのバージョンは3.11.5, Arvizは0.12.1を使用）
2   # ローカル環境の場合はインストール先に注意してください。
3   ! pip install pymc3 arviz japanize-matplotlib
4   ! pip install git+https://github.com/RJT1990/pyflux
5   # 計算とデータ処理のためのライブラリ
6   import numpy as np
7   import pandas as pd
8   # ベイズモデリング用ライブラリ（PyMC3），その可視化ライブラリ（Arviz），
        計算用ライブラリ（Theano）
9   import pymc3 as pm
10  import arviz as az
11  from theano import shared, tensor as tt
12  # 可視化用ライブラリ
13  from matplotlib import pyplot as plt
14  from matplotlib.ticker import StrMethodFormatter
15  import seaborn as sns
16  import japanize_matplotlib
17  # 会計データの読み込みと下準備
18  from google.colab import drive
19  drive.mount('/content/drive')
20
21  %cd /content/drive/MyDrive/サンプルコード一覧/data/sec8
```

（※）Google Colaboratory にインストールされている NumPy のバージョンが PyMC3 の依存する NumPy のバージョンと合っていないことにより，エラーが発生することがあります。この場合，PyMC3 をライブラリ管理ツールである pip を用いてインストールしたうえで，ランタイムを再起動する必要があります（「ランタイム」タブから「ランタイムを再起動」を選択）。

コード 8 − 13　　▶

```
1   # Drive上のcsvファイルの読み込み（ファイルを保存したディレクトリを指定）
2   data = pd.read_csv("data_2_train.csv", index_col=0)
3   # ReturnOnAssetカラムを説明変数（単変量）として使用する（図表 8 −11）
4   ev_name = ["ReturnOnAsset"]
```

```
5 | print("Record number: ", len(data))
6 | display(data.head(5))
7 |
8 | # 学習用データと検証用データに分割（4分割した分割データの最後の4分の1
    を検証用データとしているが，どの分割データを検証データとするかの4通り
    で精度を計算し平均することで4-fold cross validationを計算できる）
9 | data_train = data.iloc[:150, :].copy()
10| data_validation = data.iloc[150:, :].copy()
```

⇨ 実行結果

図表 8 − 11　学習データ

	Default	ReturnOnAsset	BusinessSectorLabel
0	1	-0.728537	4
1	1	-1.787913	5
3	1	0.096114	6
4	0	1.700188	6
5	0	-0.411639	5

2　統計モデルの設計

今回は，ROA がデフォルトに関係しているとわかっていることを前提に，ROA を説明変数とするロジスティック回帰モデルを考えます。

$$\mu = \alpha + \beta x$$

$$\theta = \frac{1}{1 + \exp(-\mu)}$$

$$y = \mathrm{Bernoulli}(\theta)$$

$$\alpha \sim \mathrm{Normal}(\mu = 0,\ \sigma = 1)$$

$$\beta \sim \mathrm{Normal}(\mu_k = 0,\ \sigma_k = 1)$$

x は説明変数で，今回は ROA のデータを用います。θ はデフォルトスコアで，1 に近いほどデフォルトしやすいです。y は θ の確率で 1 または 0 の値をとり，1 はデフォルトを表します。今回は PyMC3 というライブラリを使用します。

コード 8 − 14　　▶

```
1    # モデルの設計
2    # モデルの設計（上述の式をそのままコードに記述する）
3    with pm.Model() as SimpleLogisticModel:
4        # xには学習データの説明変数をセット
5        x = pm.Data("x", data_train[ev_name].values)
6        # alphaの事前分布は平均0標準偏差1の正規分布
7        alpha = pm.Normal("alpha", mu=0, sd=1)
8        # betaの事前分布は平均0標準偏差1の正規分布
9        beta = pm.Normal("beta", mu=0, sd=1, shape=len(ev_name))
10       mu = alpha + pm.math.dot(x, beta)
11       theta = pm.Deterministic("theta", 1 / (1 + pm.math.exp(-mu)))
12       y = pm.Bernoulli("y", p=theta, observed=data_train.Default)
13
14   # モデルの変数の依存関係の図示（図表 8 − 12，灰色は観測値あり，白は観測
     値なし。楕円は矢印の上流が決まっても確率的に決まるもの，長方形は矢印
     の上流が決まれば決定的に決まるもの）
15   pm.model_to_graphviz(SimpleLogisticModel)
```

実行結果

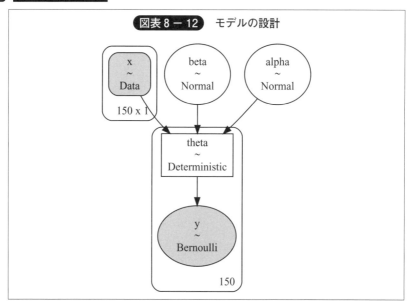

図表 8 − 12　　モデルの設計

3　パラメータの推定

このモデルでのパラメータは，αとβの2つです。これらの事後分布（**図表8－13**はカーネル密度推定）は**図表8－13**のようになります。

コード8－15　　▶

```
1   # パラメータの推定
2   # MCMCの条件を設定 MCMCサンプルサイズ6000のうち最初の1000はNUTSアルゴリ
     ズムのステップ幅調整用（この1000サンプルは自動的に捨てられる。さらに
     2000サンプルは十分に収束していないもの（バーンイン期間）として扱う）
3   # 収束を評価するために2回推定を行うため，chains=2とする（収束が悪いと
     Warningが出る）
4
5   SAMPLE_KWARGS = {
6       "random_seed": 42,
7       "draws": 5000,
8       "chains": 2,
9       "tune": 1000,
10      "progressbar": True,
11      "init": "adapt_diag",
12  }
13  # MCMC実行
14  with SimpleLogisticModel:
15      trace_SimpleLogisticModel = pm.sample(**SAMPLE_KWARGS)
16  # バーンイン期間（2000個 x 2）後のサンプル（3000個 x 2）を取り出す
     （2000:で2chainそれぞれの2000以降を参照できる）
17  # 計6000個のMCMCサンプルが得られた
18  mcmc_sample = trace_SimpleLogisticModel[2000:]
19  # 事後確率分布を可視化
20  # meanは平均値（最頻値ではないため注意），94%HDIは分布の3%と97%の間の区間
21  pm.plot_posterior(mcmc_sample, var_names=["alpha", "beta"], alpha=0.5)
```

▶ 実行結果

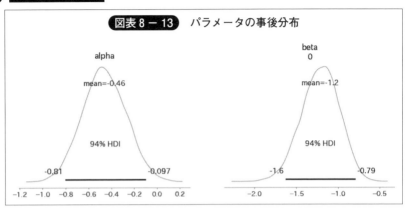

図表 8 − 13　パラメータの事後分布

4　予測分布の計算

　前項と同様に，この事後分布の MCMC サンプルを取り出して，ロジスティック回帰モデルに代入し，デフォルトスコア θ の分布を生成してみましょう。たとえば，ROA が 1 のときの θ の予測分布であることを表したのが，次のヒストグラム（**図表 8 − 14**）です。

コード 8 − 16　▶

```python
# 乱数rand_v番のMCMCサンプル（事後確率分布からのサンプル）を用いて，x
  についてthetaの予測値を計算
def predict_prob_path(rand_v, x):
    mu_pred = mcmc_sample["alpha"][rand_v] + mcmc_sample[
              "beta"][rand_v] * x
    theta_pred = 1 / (1 + np.exp(-mu_pred))
    return theta_pred[0]

# 乱数セットについて予測値を計算し，予測分布を得る
def predict_prob(x, rand_val):
    tmp = rand_val.apply(predict_prob_path, x=x)
    return tmp

# ReturnOnAsset=1についてtheta（デフォルトスコア）の予測分布を生成
x_new = pd.Series([1], index=ev_name)
n_sim = 3000
np.random.seed(42)
```

```
16  rand_val = pd.Series(np.random.randint(0, 6000, n_sim))
17  plt.figure(figsize=(6, 4))
18  predict_prob(x_new, rand_val).hist(bins=40)
19  plt.xlabel("デフォルトスコア", fontsize=14)
20  plt.show()
```

実行結果

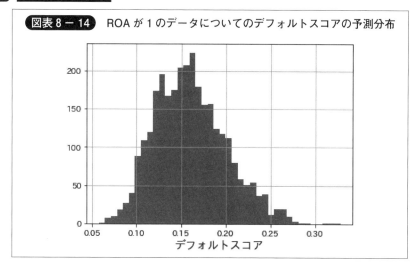

図表 8 − 14　ROA が 1 のデータについてのデフォルトスコアの予測分布

　このようにパラメータの事後分布を用いれば，自由に設定した説明変数の例についても予測分布を生成できます。ROA の値を -3 ～ 3 で変えてシミュレートすることで，θ の予測分布を**図表 8 − 15** のようにみることができます。

コード 8 − 17

```
1   # ReturnOnAsset=[-3,3]についてtheta（デフォルトスコア）の予測分布を生成
2   np.random.seed(42)
3   xlin = np.linspace(-3, 3, 20)
4   n_sim = 3000
5   y_dr = np.zeros((len(xlin), n_sim))
6   for itr in range(len(xlin)):
7       x_new = pd.Series(xlin[itr], index=ev_name)
8       rand_val = pd.Series(np.random.randint(0, 6000, n_sim))
9       y_dr[itr, :] = predict_prob(x_new, rand_val)
10
11  # 可視化
```

```
12  plt.figure(figsize=(6, 4))
13  plt.plot(xlin, y_dr.mean(axis=1), color="b", lw=3)
14  plt.fill_between(
15      xlin,
16      np.percentile(y_dr, 95, axis=1),
17      np.percentile(y_dr, 5, axis=1),
18      color="b",
19      alpha=0.5,
20  )
21  plt.xlabel("ROA", fontsize=14)
22  plt.ylabel("デフォルトスコア", fontsize=14)
23  plt.show()
```

⇨ 実行結果

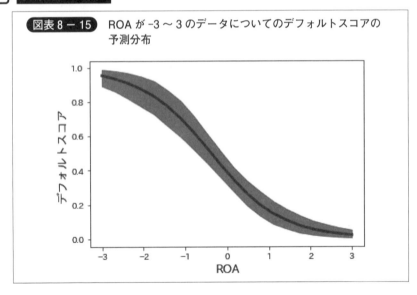

図表8−15　ROAが−3〜3のデータについてのデフォルトスコアの予測分布

　図表8−15は，ROAの値ごとに予測分布の上位5％と下位5％以外の範囲を塗りつぶしています。ROAが小さいとデフォルトスコアは増加するものの，同時にその不確実性も増加しており，予測が難しいことがわかります（今回使用しているのは人工的なデータですが，実際の与信データでも，ROAが小さくても資金力に余裕がありデフォルトしないなどのケースがあります）。なお，ロジスティック回帰モデルでは，デフォルトか回収かを直接計算せずに，一旦デフォルトスコアを計算しています。このようなしくみをキャリブレーシ

ョンといいます。このキャリブレーションのおかげで，事後分布のスコアが解
釈できるのです。

　次に，自社の得意先の売掛金 X についてデフォルトスコアを予測し，売掛
金のデフォルト金額を予測してみましょう。サンプルからデフォルトスコアを
計算し，デフォルトすると予測された得意先の売掛金額を合計します。これを
生成したサンプル（シナリオ）ごとに行うことで，デフォルト金額の分布を計
算できます（**図表 8 − 16**）。

コード 8 − 18

```
1   # 予想するデータ（自社のデータ）
2   test_data = pd.read_csv("data_2_test.csv", index_col=0)
3
4   # 自社売掛金の回収可能額を計算（計算に時間がかかるためn_simは適宜調整
        してください。また，NumPyの行列演算で記述することで高速化できます。
        以降も同様です。）
5   def predict_default_val_path(rand_v, x, val):
6       mu_pred = mcmc_sample["alpha"][rand_v] + mcmc_sample[
                    "beta"][rand_v] * x
7       theta_pred = 1 / (1 + np.exp(-mu_pred))
8       y_pred = np.random.binomial(1, theta_pred[0])
9       return (1 - y_pred) * val
10
11  def predict_default(x_df, rand_val):
12      return rand_val.apply(predict_default_val_path,
                            x=x_df[ev_name], val=x_df["LoanValue"])
13
14  np.random.seed(42)
15  n_sim = 2000
16  rand_val = pd.Series(np.random.randint(0, 6000, n_sim))
17  pred_results_test2 = test_data.apply(predict_default, axis=1,
                                    rand_val=rand_val)
18
19  # 可視化
20  plt.figure(figsize=(6, 4))
21  (pred_results_test2.sum(axis=0) / 1000).hist(bins=40)
22  plt.xlabel("回収額（千円）", fontsize=14)
23  plt.show()
```

実行結果

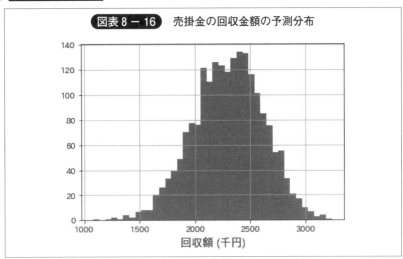

図表8−16　売掛金の回収金額の予測分布

回収額 (千円)

　予測結果の利用方法は様々ですが，たとえば，新規先への販売をするにあたり，デフォルトスコアの予測分布の上位35％の値が0.5を超えた場合，デフォルトリスクを移転するために債権流動化を行うといったアクションにつなげるなどの応用も考えられます。前提として，予測分布を利用する前に信頼性の評価が必要です。**図表8−15**でデフォルトスコアの低い部分で不確実性が大きいことが判明していて，このモデルには疑念があることがわかります。それでは，予測分布の上位35％で意思決定することを前提にモデルの評価をしてみましょう。

5　モデルの評価

　予測結果を利用する際，予測モデル自体の定性的・定量的両方の評価のもとで測られた信頼度を把握することが重要です。定性的な評価とは，モデル自体の設計がデータの生成過程の知識を忠実に反映しているかということです。定量的な評価では，モデルの性能を客観的な数値で評価でき，複数のモデルの候補がある場合には，それらを比較できます。

　今回の評価指標として，receiver operating characteristic（ROC）カーブのarea under the curve（AUC）を用います[5]。これは，実際にデフォルトした債権と回収できた債権について，モデルの予測スコアの差がどのくらいあったか

を表します。たとえば，デフォルトスコアが0.5以上であるときにデフォルト
と予測したとします。

コード 8 － 19 ▶

```
1   # モデルの評価
2   # 検証用データについてデフォルトスコアを生成
3   np.random.seed(42)
4   n_sim = 2000
5   x_new = data_validation[ev_name].values
6   rand_val = pd.Series(np.random.randint(0, 6000, n_sim))
7   pred_results_SLM = pd.DataFrame(x_new).apply(predict_prob, axis=1,
                                                rand_val=rand_val)
8
9   # 予測分布の上側35%を予測に利用
10  thre = 0.65
11  mask = data_validation.Default == 1
12
13  # 実際にデフォルトした債権のデフォルトスコア
14  ST = np.quantile(pred_results_SLM.loc[mask.values, :].values,
                     thre, axis=1)
15
16  # 実際にデフォルトしなかった債権のデフォルトスコア
17  SF = np.quantile(pred_results_SLM.loc[~mask.values, :].values,
                     thre, axis=1)
18
19  # ROCカーブを計算
20  C = np.linspace(0, 1, 1000)
21  ROC_x = np.array([])
22  ROC_y = np.array([])
23  for itr in range(1000):
24      ROC_y = np.append(ROC_y, (ST >= C[itr]).sum() / len(ST))
25      ROC_x = np.append(ROC_x, (SF >= C[itr]).sum() / len(SF))
26
27  # C=0.5の点を図示するため計算
28  C = 0.5
29  ROC_y_05 = (ST >= C).sum() / len(ST)
30  ROC_x_05 = (SF >= C).sum() / len(SF)
31  print(ROC_x_05)
32  print(ROC_y_05)
```

(5) AUCのほかにも，様々な評価指標があります。たとえば，「デフォルトスコアの上位20社のうち
何社がデフォルトしたか」という指標でもできます。評価指標はできる限り，データ分析で解決す
べき課題の解決度合いにリンクするものにするのが望ましいです。

⯈ 実行結果

```
1  0.11764705882352941
2  0.25
```

　蓋を開けてみると，実際にデフォルトした債権のうち，デフォルトスコアが0.5以上の割合は25.0％でした。これは，デフォルトとちゃんと予測できた割合で true positive rate（TPR）といいます。

　一方で，デフォルトしなかった債権のうち，11.7％はデフォルトスコアが0.5以上でした。これは，デフォルトの予測が外れた割合で false positive rate（FPR）といいます。

　図表8-17 は，デフォルト予測の基準とした0.5であったもの（★）を0～1で動かしたときの点（FPR, TPR）を示しており，その軌跡がROCカーブです。

コード8-20 ⯈

```
1  # ROCカーブの可視化
2  plt.figure(figsize=(4, 4))
3  plt.scatter(ROC_x, ROC_y, marker=".", s=50)
4  plt.scatter(ROC_x_05, ROC_y_05, marker="*", s=300)
5  plt.xlabel("FPR", fontsize=14)
6  plt.ylabel("TPR", fontsize=14)
7  plt.show()
```

実行結果

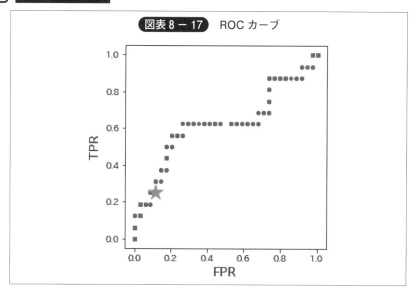

AUC は，**図表 8 - 17** にて ROC カーブによって分けられた領域のうち右下側の面積で，1 に近いほど予測が正確といえます。今回は，プロットした点の間隔ごとに台形（長方形）近似をして面積を計算します。では，はじめにデータセットを分割して用意した検証データの予測結果を AUC で評価してみましょう。

コード 8 - 21

```
1  # AUCを台形近似で計算
2  frac = np.array([])
3  for itr in range(len(ROC_x) - 1):
4      dx = np.abs(ROC_x[itr + 1] - ROC_x[itr])
5      frac = np.append(frac, (ROC_y[itr + 1] + ROC_y[itr]) / 2 * dx)
6  print("AUC = ", frac.sum())
```

実行結果

```
AUC =  0.6268382352941176
```

　このモデルの AUC は 0.6268 でした。この予測精度をどう評価するかは利用の仕方次第ですが，今回は，予測精度がいまひとつだと評価し，もう少し良いモデルができないか検討します。ベイズ統計モデリングの良い点の 1 つに，モデリングの柔軟さがあります[6]。

　たとえば，デフォルトリスクが産業別に異なっていることを反映したモデルを考えることもできます。先ほどの，精度がいまひとつなモデルを「シンプルモデル」と名付け，この産業別のデフォルト率の違いを反映した「カスタムモデル」（**図表 8 − 18**）が，精度を改善できるかを見てみましょう。

コード 8 − 22　▶

```
1   # カスタムモデルの設計
2   with pm.Model() as CustomizedLogisticModel:
3       x = pm.Data("x", data_train[ev_name].values)
4       bs_label = pm.Data("bs_label",
                            data_train["BusinessSectorLabel"].values)
5       alpha = pm.Normal("alpha", mu=0, sd=1, shape=6)
6       beta = pm.Normal("beta", mu=0, sd=1, shape=len(ev_name))
7       # 業種によって用いるalphaを変えている．alphaの参照番号は0〜のため，
            1を引いている．
8       mu = alpha[tt.cast(bs_label, "int32") - 1] + pm.math.dot(x, beta)
9       theta = pm.Deterministic("theta", 1 / (1 + pm.math.exp(-mu)))
10      y = pm.Bernoulli("y", p=theta, observed=data_train.Default)
11
12  pm.model_to_graphviz(CustomizedLogisticModel)
```

---

(6)　応用対象の知識をモデルに反映させている手法については浜田ほか（2019）が参考になります。

実行結果

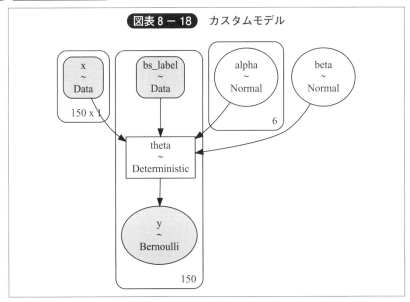

図表 8 - 18　カスタムモデル

　モデルに産業別のデフォルト率の違いを学習させ，予測分布を生成し，ROC カーブを計算します。**図表 8 - 19** から，推定した産業別のパラメータで差が出ていることがわかります。

コード 8 - 23

```
1   # MCMC実行
2   with CustomizedLogisticModel:
3       trace_CLM = pm.sample(**SAMPLE_KWARGS)
4   mcmc_sample_CLM = trace_CLM[2000:]
5   alpha_df = pd.DataFrame(mcmc_sample_CLM["alpha"], columns=
                            ["bs1", "bs2", "bs3", "bs4", "bs5", "bs6"])
6   plt.figure(figsize=(6, 4))
7   sns.violinplot(data=alpha_df, jitter=True, color="gray")
8   plt.xlabel("Bussiness Sector label", fontsize=14)
9   plt.ylabel("値", fontsize=14)
10  plt.show()
```

⟶ 実行結果

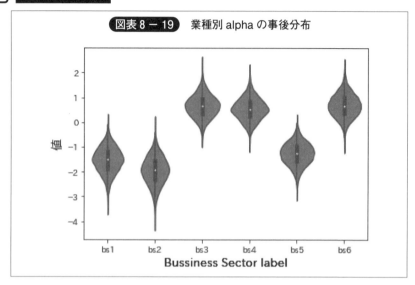

図表 8 - 19　業種別 alpha の事後分布

Bussiness Sector label

このモデルでも同様に AUC を計算してみましょう。

コード 8 - 24　▶

```
1  # 乱数とxに対して，事後確率分布からサンプリングしてデフォルトスコアを
     計算する関数
2  def predict_prob_path_2(rand_v, x, chain):
3      bs_label_sim = x["BusinessSectorLabel"]
4      x_sim = x[ev_name].values
5      mu_pred = (
6          chain["alpha"][rand_v, int(bs_label_sim) - 1] +
           chain["beta"][rand_v] * x_sim
7      )
8      theta = 1 / (1 + np.exp(-mu_pred))
9      return theta[0]
10
11 def predict_prob(x, rand_val, chain):
12     tmp = rand_val.apply(predict_prob_path_2, x=x, chain=chain)
13     return tmp
14
15 np.random.seed(42)
16 n_sim = 2000
17 x_new = data_validation.copy()
18 rand_val = pd.Series(np.random.randint(0, 6000, n_sim))
```

```
19  pred_results_CLM = x_new.apply(
20      predict_prob, axis=1, rand_val=rand_val, chain=mcmc_sample_CLM
21  )
22
23  # AUCを計算する関数（コード8－19を関数化したもの）
24  def AUC_val(pred_results, data_validation):
25      mask = data_validation.Default == 1
26      ST = np.quantile(pred_results.loc[mask.values, :].values,
                         thre, axis=1)
27      SF = np.quantile(pred_results.loc[~mask.values, :].values,
                         thre, axis=1)
28      C = np.linspace(0, 1, 1000)
29      ROC_x = np.array([])
30      ROC_y = np.array([])
31      for itr in range(1000):
32          ROC_y = np.append(ROC_y, (ST >= C[itr]).sum() / len(ST))
33          ROC_x = np.append(ROC_x, (SF >= C[itr]).sum() / len(SF))
34      frac = np.array([])
35      for itr in range(len(ROC_x) - 1):
36          dx = np.abs(ROC_x[itr + 1] - ROC_x[itr])
37          frac = np.append(frac, (ROC_y[itr + 1] + ROC_y[itr]) / 2 * dx)
38      return frac.sum(), ROC_x, ROC_y
39  AUC, ROC_x2, ROC_y2 = AUC_val(pred_results_CLM, data_validation)
40  print("AUC = ", AUC)
```

実行結果

```
1  AUC =  0.7628676470588236
```

　カスタムモデルの AUC は 0.7628 であり，シンプルモデルとカスタムモデルを比較すると，**図表8－20**のとおりです。産業別のデフォルト率の違いを反映したことで，精度が改善できたことがわかりました。とはいえ，過剰な信頼は危険です。モデルの予測結果を利用する場合には，予測結果に加えて，そのモデルの信頼度も考慮する必要があります。

コード8－25

```
1  # 可視化
2  plt.figure(figsize=(4, 4))
3  plt.scatter(ROC_x, ROC_y, marker=".", s=100, label="simple")
4  plt.scatter(ROC_x2, ROC_y2, marker=".", s=40, label="custom")
5  plt.xlabel("FPR", fontsize=14)
```

```
6  plt.ylabel("TPR", fontsize=14)
7  plt.legend(["simple", "customized"], loc="lower right", fontsize=14)
8  plt.show()
```

⤷ 実行結果

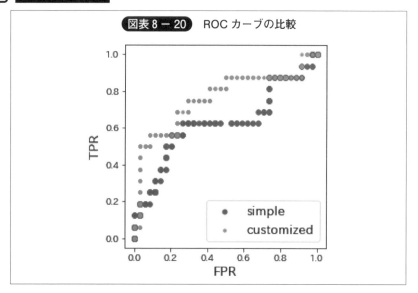

図表 8 − 20　ROC カーブの比較

　どんなに簡単で精度が高いタスクであっても，100％の精度が求められると機械学習の導入は難しくなります。また，誤判定が起きた場合の責任の整理や，誤判定の損失リスクを回避する仕組みが必要です。

　反対に，ある程度の精度が求められる場合，機械学習を導入するハードルは大きく下がります。たとえば，仮に税務申告の金額は誤差率 x ％まで許容するというようなルールがあり，誤差率の条件を満たす機械学習モデルが構築できれば導入しやすくなります。

　精度の要求水準がある程度であれば，「人間にしかできないだろうと言われている（いた）」ような高度なタスクも機械学習で代替することができます。たとえば，機械翻訳などは非常に難しいタスクですが，単語ごとに翻訳さえできていれば，人間が翻訳後の文章から意味を把握できるため，実用に結びついています。さらに，人間が機械の精度に適応することで，実用可能なレベルにする可能性もあります。機械翻訳の例では，機械翻訳された文章を読み，意味

を捉えているかを判別する訓練を人間が行うことで，許容できる精度を下げる解決方法も考えられます（そのような教育を行うことが適切かはわかりません）。

　他の例では，人間が作っていない（あるいは人間が作ったかわからない）芸術が人間の心を掴むかはわかりませんが，機械学習で音楽や俳句のような芸術を生成することもできます。また，会計基準で定められていない会計処理は，監査人に認められる処理に幅があり，かつ他社事例がある場合にはそれに準じて処理する場合があります。そのため，前提事項と会計処理のセットをデータとして十分に蓄積させることができれば，そのような過去の他社事例データに基づく機械学習で「認められる会計処理」を提案できるようになるかもしれません。

　中には，精度について，決められた一定の水準をクリアすることまでは求められていないものの，高ければ高いほどよいといったケースもあります。たとえば，運用損益などは（黒字赤字などを除き）一定の水準が決められているわけではありません。

　また，本章のベイズ統計モデリングでは，予測の自信の強さも計算できるため（たいていは学習データの傾向が一貫しているかなどが反映されやすい），スコアに対してその予測の自信が低いところを人間が確認するといったオペレーションを組み合わせて課題を解決することが可能です。

　精度を測る評価指標には AUC 以外にも様々な方法があります。たとえば，サブスクリプションから離脱しやすいユーザーにお得な割引券を配布するという施策を行う例を考えます。この場合，重要なのは，離脱のしやすさが上位となるユーザーの離脱の予測精度であり，離脱のしにくさが下位のユーザーの情報はそこまで重要ではありません。その場合，離脱スコア上位のユーザーに絞った正解率等で評価します。

　機械学習の精度は，機械学習と施策やオペレーションの組み合わせで実現するものであるので，必ずしも KPI で直接評価する必要はありません（が，合意を得るために強引に仮定を立てて計算せざるを得ないという側面もあります）。ただし，機械学習で達成した課題と KPI との因果関係が明らかで，影響が算定できることが望ましいことは言うまでもありません。

6　予測結果の計算と利用

　それでは，より精度の高いカスタムモデルで予測分布を計算し，応用を考え
てみましょう。カスタムモデルで予測分布を計算すると**図表8－21**のように
なります。

コード8－26　▶

```
1  # 改めて予測分布の生成
2  # カスタムモデルで自社売掛金の回収可能額を計算
3  def predict_default_val_path(rand_v, x, chain, val):
4      bs_label_sim = x["BusinessSectorLabel"]
5      x_sim = x[ev_name].values
6      mu_pred = (
7          chain["alpha"][rand_v, int(bs_label_sim) - 1] +
           chain["beta"][rand_v] * x_sim
8      )
9      theta_pred = 1 / (1 + np.exp(-mu_pred))
10     y_pred = np.random.binomial(1, theta_pred[0])
11     return (1 - y_pred) * val
12
13 def predict_default(x_df, rand_val, chain):
14     return rand_val.apply(
15         predict_default_val_path, x=x_df, chain=chain,
           val=x_df["LoanValue"]
16     )
17
18 np.random.seed(42)
19 n_sim = 2000
20 rand_val = pd.Series(np.random.randint(0, 6000, n_sim))
21 pred_results_test_CLM = test_data.apply(
22     predict_default, axis=1, rand_val=rand_val, chain=mcmc_sample_CLM
23 )
24
25 # 予測分布を可視化
26 plt.figure(figsize=(6, 4))
27 (pred_results_test_CLM.sum(axis=0) / 1000).hist(bins=40)
28 plt.xlabel("回収額（千円）", fontsize=14)
29 plt.show()
```

実行結果

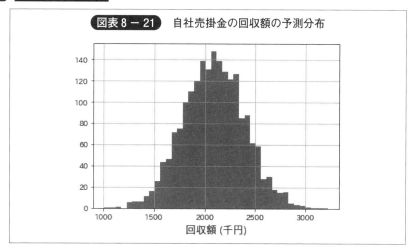

図表8－21　自社売掛金の回収額の予測分布

回収額 (千円)

予測分布は様々な使い分けができます。

　たとえば，売掛金の回収可能額のだいたいの金額が知りたい場合は平均値，範囲が知りたい場合は highest posterior density interval（HDI）（たとえば，94％HDI は分布の3％と97％の間の区間）として計算すればよく，95% value at risk の計算をする場合には予測分布の下95%の値を計算すればよいのです。

コード8－27

```python
# 予測分布の様々な要約値の計算
post_dist_sen = pred_results_test_CLM.sum(axis=0) / 1000
print("平均値: ", np.round(post_dist_sen.mean()).astype(int), "千円")
print("中央値: ", np.round(post_dist_sen.median()).astype(int), "千円")
print("標準偏差: ", np.round(post_dist_sen.std()).astype(int), "千円")
ci = np.quantile(post_dist_sen, q=[0.025, 0.975])
print("95%HDI: ", np.round(ci[0]).astype(int), "千円～",
      np.round(ci[1]).astype(int), "千円")
print("信頼水準95%のVaR: ", np.round(np.quantile(post_dist_sen,
      q=0.05)).astype(int), "千円")
thr = np.quantile(post_dist_sen, q=0.05)
print(
    "信頼水準95%のVaRについての期待ショートフォール: ",
    np.round(post_dist_sen[post_dist_sen < thr].mean()).astype(int),
    "千円",
)
```

実行結果

```
1  平均値： 2093 千円
2  中央値： 2093 千円
3  標準偏差： 311 千円
4  95%HDI： 1492 千円〜 2721 千円
5  信頼水準95%のVaR： 1590 千円
6  信頼水準95%のVaRについての期待ショートフォール： 1459 千円
```

　ところで，確率モデルの利用主体は経営者だけではありません。監査人も経営者が計上する金額を検証するために予測分布を利用できます。会計上の見積りの監査では，経営者の予測に基づく計上額を監査人が評価します。監査人の見積りの範囲として，HDIや予測分布そのものを用いることができます。

　たとえば，個別引当金について，**図表8－21**の予測分布を監査人の見積範囲として，経営者が債権の回収可能額を2,000千円と算定したとしましょう。すると，監査人の予測分布における引当不足確率は分布の2,000千円以下の部分の面積の割合で計算できます（38.5%）。監査はこの38.5%を受け入れられるかで定量的に経営者の見積りを評価することができます。また，引当不足が500千円以上発生する確率も同じように計算でき，重要性も踏まえた判断も可能です。

コード8－28 ▶

```
1  # 予測分布上で回収額が2000千円未満になる確率
2  print((post_dist_sen < 2000).sum() / len(post_dist_sen))
3
4  # 予測分布上で回収額が2000-500千円未満になる確率
5  print((post_dist_sen < 1500).sum() / len(post_dist_sen))
```

実行結果

```
1  0.385
2  0.026
```

　また，監査人が計算した予測分布に対して，経営者の計上額がどのくらい外れているかで異常検知をすることもできます。たとえば，予測分布の両側10%外に計上額があった場合は，会計数値はモデルと異なる前提で計算されてい

る可能性を疑うことができます。ただし，これらの定量的な評価は予測分布の正確さが前提となっているので，用いるモデルの評価は慎重に行うべきです。

Ⅶ　生存時間モデルによる将来キャッシュフローの予測

前節ではデフォルト金額の予測を行いました。このようにベイズ推論で予測した計算要素をもとに，会計数値を見積ることもできます。ここではサブスクリプションサービスの事業価値評価に応用してみましょう。

まずライブラリのインポートや会計データの読み込みなどの下準備をしておきましょう。

コード 8 − 29

```
1  # セッティング（PyMCのバージョンは3.11.5,Arvizは0.12.1を使用しています）
2  # ローカル環境の場合はインストール先に注意してください。
3  !pip install pymc3 arviz lifelines japanize-matplotlib
4  #!pip install pymc3==3.11.5 arviz==0.12.1 lifelines japanize-matplotlib
5  import numpy as np
6  import pandas as pd
7  import pymc3 as pm
8  import arviz as az
9  from theano import shared, tensor as tt
10 from matplotlib import pyplot as plt
11 from matplotlib.ticker import StrMethodFormatter
12 import seaborn as sns
13 import japanize_matplotlib
14
15 #会計データの読み込みと下準備
16 from google.colab import drive
17 drive.mount('/content/drive')
18 # データのあるディレクトリを選択
19 %cd /content/drive/MyDrive/サンプルコード一覧/data/sec8
```

1　問題設定

当社はA事業とB事業の2つの消費者向けサービスを行っています。A事業では1年前から有料サブスクリプションを導入しています。一方で，B事業でも現在新たに有料サブスクリプションの導入を検討しています。そこで，B事業に導入する場合の投資の評価を行うことにしました。手元にはA事業サブス

クリプションサービス加入者の属性データがあります。これには，ユーザーの年齢，サブスクリプション導入前のサービス利用度，都会住みかといったデータとそのサブスクリプションのライフタイムが記録されています。ライフタイムが1年を超える場合は，便宜上365.0日と記載し，観測が打ち切られていることをCensoredカラムを1にして記録しています（**図表8－22**）。

コード8－30 ▶

```
1  # データの把握
2  # Google Colaboratory左側にあるフォルダアイコンからcsvをアップロード
   し，データを読み込む。
3  data_train = pd.read_csv("data_3_A.csv", index_col=0)
4  data_train["ExitTime"] = data_train["ExitTime"].round(0)
5  ev_name = ["Age", "Activity", "Arban"]
6  print(len(data_train))
7  display(data_train.head(5))
```

実行結果

図表8－22　Aサブスクリプション加入者のデータ

1000

	ExitTime	Age	Activity	Arban	Censored
0	59.0	30.0	0.96	0.0	0
1	70.0	30.0	1.12	0.0	0
2	61.0	40.0	1.04	0.0	0
3	128.0	30.0	1.00	0.0	0
4	365.0	50.0	1.18	1.0	1

　このようなデータでは離脱イベントの発生時間をカプランマイヤープロットで可視化することができます（**図表8－23**）。

コード8－31 ▶

```
1  # ユーザー離脱のカプランマイヤープロット
2  from lifelines import KaplanMeierFitter
3
4  kmf = KaplanMeierFitter()
```

```
5  kmf.fit(data_train.ExitTime, event_observed=data_train.Censored == 0)
6  plt.figure(figsize=(6, 4))
7  kmf.plot(show_censors=True, censor_styles={"ms": 6, "marker": "s"})
8  plt.xlabel("経過日数", fontsize=14)
9  plt.show()
```

実行結果

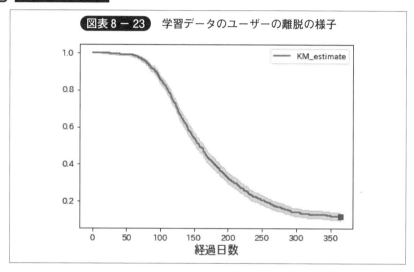

図表 8 − 23　学習データのユーザーの離脱の様子

図表 8 − 23 では時間の経過とともにユーザー数の減少が穏やかになっていく様子がわかります（■は観測打ち切りがあったことを示している）[7]。B事業の旧サービスのユーザーについても同様の属性データが入手できているため，A事業のデータを用いて，サブスクリプションの早期離脱リスクに晒されているB事業への投資の評価を行います[8]。

---

[7]　会計データには，このようなイベントの発生件数の遷移のようなデータ（計数データ）が多く，中でも 🅜 「ロジスティック回帰モデルによる貸倒予測」で扱った売上の発生から売掛金の回収期日までの貸倒，従業員の入社から退職まで，保険加入から適用損害の発生まで，といった事象は生存時間モデルを利用できます。さらに，将来予測を時系列で計算できるため，適当な割引率とともに現在価値の算定等にも用いることができます。なお，Pythonライブラリlifelineでは生存時間分析の様々な手法が扱えます。Reference manual: https://lifelines.readthedocs.io/en/latest/

[8]　実際には，コンバージョン率や，A事業サービスのユーザーとB事業サービスのユーザーの性質の違いにも注意すべきです。

2　確率モデルの設計

　サービス開始から離脱イベントの発生のように，イベントの発生可能性が時間にわたって存在するケースは生存時間モデルで扱うことができます[9]。今回は，その 1 つであるワイブルモデルを用いてベイズ推論してみましょう。ワイブルモデルは離脱者数の推移（生存数の減少分）をワイブル分布で表現します。

コード 8 − 32　▶

```
1   # ワイブル分布モデルの設計
2   # 離脱時間
3   y = data_train["ExitTime"].values
4
5   # 観測打ち切りか（配列の参照用，0:離脱を観測，1:打ち切り）
6   cens = data_train["Censored"].values * 1.0 == 1.0
7
8   # 観測打ち切りか（PyMC3の変数参照用，theanoテンソルとして定義）
9   cens_ = shared(cens)
10
11  # ワイブル分布の累積密度関数（打ち切りデータの扱いで必要になる）
12  def weibull_lccdf(x, shape, scale):
13      return -((x / scale) ** shape)
14
15  # ワイブル分布モデル（図表 8 −24）
16  with pm.Model() as weibull_model:
17      a0 = pm.Normal("a0", mu=0, sd=1)
18      a = pm.Deterministic("a", tt.exp(a0))
19      alpha = pm.Normal("alpha", mu=0, sd=1)
20      beta = pm.Normal("beta", 0.0, 1.0, shape=len(ev_name))
21      x = pm.Data("x", data_train[ev_name].values)
22      qx = pm.Deterministic("qx", alpha + pm.math.dot(x, beta))
23      b = pm.Deterministic("b", tt.exp(-1 * qx / a))
24      y_obs = pm.Weibull("y_obs", alpha=a, beta=b[~cens_],
                          observed=y[~cens])
25      y_cens = pm.Potential("y_cens", weibull_lccdf(y[cens], a,
                            b[cens_]))
26
27  pm.model_to_graphviz(weibull_model)
```

───────────────────

(9)　前掲注(7)参照。

実行結果

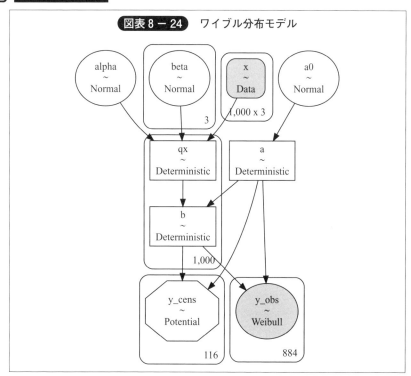

図表8－24 ワイブル分布モデル

$$f(t \,|\, a,\ b) = \frac{a}{b}\left(\frac{t}{b}\right)^{a-1} exp\left(-\left(\frac{t}{b}\right)^{a}\right)$$

$$a = exp(a_0)$$

$$b = exp\left(-\frac{q(x)}{a}\right)$$

$$q(x) = \beta_0 + \sum_{k=1}^{3} \beta_k x_k$$

$$a_0 \sim Normal(\mu = 0,\ \sigma = 1)$$

$$\beta_{(k)} \sim Normal(\mu_k = 0,\ \sigma_k = 1)\ \ k = 0,\ 1,\ \ldots,\ 3$$

$$S(t \,|\, a,\ b) = 1 - F(t \,|\, a,\ b) = exp\left(-\left(\frac{t}{b}\right)^{a}\right)$$

　$S(t|a, b)$ と $F(t|a, b)$ は，それぞれある同じ属性の人たちのうち t 日経過時点に生存している割合とそれまでに離脱している割合であり，$f(t|a, b)$ は t 日において離脱する割合で，$F(t|a, b)$ を t で微分したものです。離脱時間データは $f(t|a, b)$ が実現したものとして考えます。

　ここでも，モデルが妥当であるかの検証は重要です。ユーザーの属性データについては，ユーザーを学習用データと検証用データに分割して評価をすることができます。

　しかし，一方で，A事業のデータでは1年しか経っていないため，1年以上先のデータはなく，時系列に関する検証ができません。これについては，1年間の推移をワイブル分布に当てはめることの継続的な合理性を定性的に評価するしかありません。すなわち，学習データ期間に代替サービスの登場などの外部要因による離脱が生じていないか等には注意すべきでしょう。

　今回は，スペースの関係上モデルの妥当性の検討は省略します。では，先ほどと同様に，サンプリングによりパラメータの事後分布を計算してみましょう。

コード8－33 ▶

```
 1  SAMPLE_KWARGS = {
 2      "random_seed": 42,
 3      "draws": 3000,
 4      "chains": 2,
 5      "tune": 1000,
 6      "progressbar": True,
 7      "init": "adapt_diag",
 8  }
 9
10  # MCMC実行（colaboratoryの通常の環境で5分程度かかります）
11  with weibull_model:
12      weibull_trace = pm.sample(**SAMPLE_KWARGS)
13
14  # パラメータの事後確率分布の可視化（図表8－25）
15  pm.plot_posterior(
16      weibull_trace[1000:], var_names=["alpha", "beta", "a", "a0"],
        alpha=0.5
17  )
```

実行結果

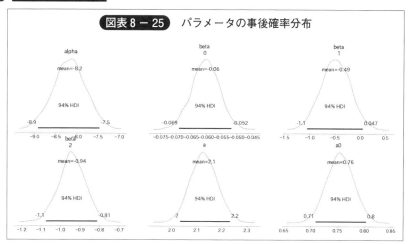

図表8-25　パラメータの事後確率分布

3　予測の例示

　計算した事後分布を使って，任意の属性に対して予測を生成できます。たとえば，30歳都会住みで旧サービスのアクティビティが1.2という属性を持つ人について，10試行分パスを生成してみましょう。その結果の生存時間プロットは**図表8-26**のように生成できます。

コード8-34

```
1   # 任意のx_newを定義
2   x_new = pd.Series([30, 1.2, 1], index=ev_name)
3   mcmc_sample = weibull_trace[1000:]
4   def func_weibull(t, a, b):
5       return np.exp(-((float(t) / b) ** a))
6
7   # 乱数とxに対して，事後確率分布からサンプリングして予測値を計算
8   def predict_prob_path_ex(rand_v, x):
9       fx_sim = mcmc_sample["alpha"][rand_v] + np.dot(
10          mcmc_sample["beta"][rand_v], x.loc[ev_name].values
11      )
12      a_sim = mcmc_sample["a"][rand_v]
13      b_sim = np.exp(-fx_sim / a_sim)
14      t_plot = pd.Series(np.linspace(0, 600, 20))
15      F_t = t_plot.apply(func_weibull, a=a_sim, b=b_sim)
```

```
16        return F_t
17
18   np.random.seed(42)
19   n_sim = 10
20   rand_val = pd.Series(np.random.randint(0, 4000, n_sim))
21   simts = rand_val.apply(predict_prob_path_ex, x=x_new).T
22   simts.index = np.linspace(0, 600, 20)
23
24   # 生成した離脱割合を可視化
25   plt.figure(figsize=(6, 4))
26   simts.plot()
27   plt.xlabel("経過日数", fontsize=14)
28   plt.show()
```

実行結果

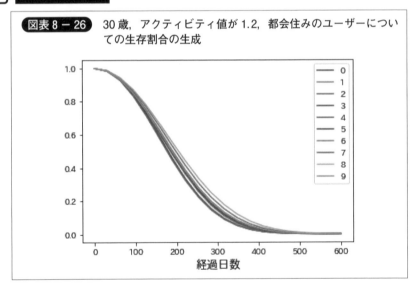

図表 8 − 26　30歳，アクティビティ値が1.2，都会住みのユーザーについての生存割合の生成

4　予測分布の利用

　生存時間パスを元にLTVを計算しましょう。計算を簡便にするために生存時間パスを30日ごとに切り捨てて（1カ月を30日としている），月単価を乗じることで，ライフタイムバリュー（LTV）を算出します。

　まず，B事業のデータを見てみると，加入者は7,000人であり（**図表8 − 27**），属性パターンは約253通りになります（**図表8 − 28**）。

コード 8 － 35　▶

```
1  # B事業データに対する予測分布の計算と利用例
2  # B事業のデータを読み込む
3  data_test = pd.read_csv("data_3_B.csv", index_col=0)
4  print(len(data_test))
5  display(data_test.head(5))
```

実行結果

図表 8 － 27　B サブスクリプション加入者のデータ

7000

	Age	Activity	Arban
0	40.0	0.92	0.0
1	30.0	0.96	1.0
2	40.0	1.00	0.0
3	30.0	1.20	0.0
4	40.0	0.94	0.0

コード 8 － 36　▶

```
1  # B事業のユーザー数は7000だが，属性パターンは253通りのため，この属性パ
   ターンについて予測分布を計算し，合計を計算する際は，そのパターンの予
   測分布にユーザー数を乗じて計算する
2  data_test["count"] = 1
3  data_test_pattern = data_test.groupby(ev_name, as_index=False).sum()
4  print("pattern number = ", len(data_test_pattern))
5  display(data_test_pattern.head(5))
```

➡ 実行結果

図表8－28　Bサブスクリプション加入者の属性パターン

```
pattern number =  253
     Age  Activity  Arban  count

0   10.0     0.90    1.0      1

1   10.0     0.96    0.0      1

2   10.0     1.00    0.0      1

3   10.0     1.04    0.0      1

4   10.0     1.06    0.0      1
```

　この253通りのそれぞれの属性パターンについて1人当たりLTVを計算し，そのパターンに分類されるユーザー数を乗じ計算します。

　コード上，LTVを計算するにあたっては，パスを1,000回生成することとしました。ユーザー1人当たり月額1,000円として，合計収益の予測分布を計算して，B事業へのサブスクリプション導入の投資の評価ができます（**図表8－29**）。

コード8－37　⏵

```python
1  # B事業データについてLTVの予測分布を計算
2  # 乱数と属性パターンxに対してその属性パターンのLTV予測×そのパターンの
     ユーザー数を計算
3  def predict_LTV_sample(x, rand_v):
4      fx_sim = mcmc_sample["alpha"][rand_v] + np.dot(
5          mcmc_sample["beta"][rand_v], x.loc[ev_name].values
6      )
7      a_sim = mcmc_sample["a"][rand_v]
8      b_sim = np.exp(-fx_sim / a_sim)
9      t_sim = pd.Series(np.linspace(0, 600, 21))
10     F_t = t_sim.apply(func_weibull, a=a_sim, b=b_sim)
11     return F_t.values * 1000 * x.loc["count"]
12
13 # 乱数ごとにpredict_LTV_sampleを計算
14 def predict_dist(rand_v, x):
15     x_ts = x.apply(predict_LTV_sample, rand_v=rand_v, axis=1)
16     surv = pd.DataFrame(np.concatenate(x_ts).
                          reshape([len(x), 21])).sum(axis=0)
17     return surv
18
```

```
19 │ x_new = data_test_pattern
20 │ np.random.seed(42)
21 │ n_sim = 1000
22 │ rand_val = pd.Series(np.random.randint(0, 3000, n_sim))
23 │ pred_results = rand_val.apply(predict_dist, x=x_new)
24 │
25 │ # 投資額が48,000,000円のときの投資利益率の予測分布を計算
26 │ invest = 48000000
27 │ ROI = (pred_results.sum(axis=1) - invest) / invest
28 │ plt.figure(figsize=(6, 4))
29 │ ROI.hist(bins=40)
30 │ plt.xlabel("投資利益率", fontsize=14)
31 │ plt.show()
```

実行結果

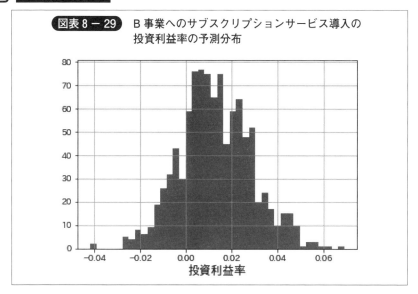

図表 8 − 29　B 事業へのサブスクリプションサービス導入の投資利益率の予測分布

　たとえば，初期投資を含めた投資額が 48,000,000 円と設定すると，将来キャッシュフローが黒字になる確率は 81.3％です。また，期待収益率は 1.3％などのような計算ができます。

コード 8 － 38　⟨▶⟩

```
1  print((ROI > 0).sum() / len(ROI))
2  print(ROI.mean())
```

⟨➡⟩ 実行結果

```
1  0.813
2  0.012972036777132984
```

　ほかにも予測分布があると投資責任者の心理を反映した主観的な期待収益率を計算できます。たとえば，保守的な経営方針で，利益率が調達金利（2 ～ 3 ％）以上であればそれ以上は求めず，調達コスト以上の利益を出すことが部門の目標になっている一方で，マイナスの利益を出すと役員に投資責任を厳しく追及されます。このような設定で，投資責任者の心理を反映した**図表 8 － 30**に示した価値関数で投資案を評価してみましょう[10]。

コード 8 － 39　⟨▶⟩

```
1   # 価値関数を定義し可視化
2   def value_func(x):
3       thre = 0.03
4       if x > thre:
5           return 0.4 * (x - 0.03) + 0.01
6       elif x > 0:
7           return x - 0.02
8       else:
9           return -np.abs(x) ** (0.2) * 0.08 - 0.02
10
11  x = np.linspace(-0.05, 0.05, 100)
12  y = pd.Series(x).apply(value_func).values
13  plt.figure(figsize=(6, 4))
14  plt.plot(x, y)
15  plt.xlabel("投資利益率", fontsize=14)
16  plt.grid()
17  plt.show()
```

---

(10)　ここでは，会社であっても投資案の実行に至っては投資責任者の心理が反映されるものとし，プロスペクト理論に基づく投資家の価値関数（Li and Yang, 2013）を参考にしました。

実行結果

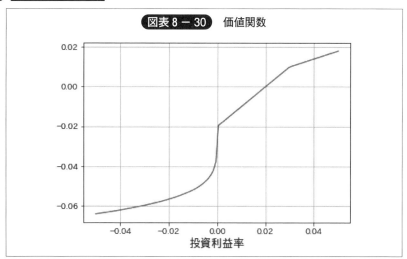

図表 8 － 30　価値関数

予測分布について，価値関数で重み付けした期待値が正の値であれば投資責任者にとって主観的価値があり，投資が実行されるものとします。**図表 8 － 30** の事後分布の価値関数による重み付き期待値を計算すると –0.012 となりました。

コード 8 － 40

```
1   # B事業に対する企業の主観的投資価値を計算
2   ROI.apply(value_func).mean()
```

実行結果

```
1   -0.01157717817841904
```

したがって，この投資は投資責任者には実行されません。このように，予測分布として将来キャッシュフローを計算して，企業内部の意思決定者の価値関数で調整した期待値として投資の主観的価値を計算することができます。

ところで，財務諸表に計上される金額は一勘定科目につき１つです。不確実性の情報は注記により定性的に開示され，定量的な情報は多くありません。仮に，財務数値が予測分布として開示されるようになれば，財務諸表の利用者は

自らの主観的な価値尺度で会計数値を評価可能になるという利益を享受できます。不確実性が重要視される現代，財務諸表による提供情報に定量的な不確実性が付加されると，財務諸表分析の幅も広がるかもしれません。

 参考文献

- 新井康平（2018）「管理会計の『確率・統計』：マネジャーのための統計的経営分析7つ道具」『企業会計』Vol. 70 No.6：42-51 頁。
- 佐藤忠彦・樋口知之（2013）『ビッグデータ時代のマーケティング―ベイジアンモデリングの活用』講談社
- 塚本邦尊・山田典一・大澤文孝（2019）『東京大学のデータサイエンティスト育成講座：Python で手を動かして学ぶデータ分析』マイナビ出版
- 中妻照雄（2019）『Python によるベイズ統計学入門』朝倉書店
- 花田政範・松浦壮（2020）『ゼロからできる MCMC』講談社
- 浜田宏・石田淳・清水裕士（2019）『社会科学のためのベイズ統計モデリング』朝倉書店
- 渡辺澄夫（2012）『ベイズ統計の理論と方法』コロナ社
- Doherty, N. A.（2000）Integrated risk management, McGraw-Hill（森平爽一郎・米山高生（監訳）（2012）『統合リスクマネジメント』中央経済社）
- Li, Y., and L. Yang（2013）Prospect theory, the disposition eff ect, and asset prices, Journal of Financial Economics, 107（3）：pp. 715-739.
- Martin, O.（2016）Bayesian Analysis with Python, Packt Publishing（金子武久（訳）（2018）『Python によるベイズ統計モデリング』共立出版）
- Sweeting, P.（2011）Financial enterprise risk management, Cambridge University Press（松山直樹（訳）（2014）『フィナンシャル ERM：金融・保険の統合的リスク管理』朝倉書店）

企業の不確実性との向き合い方

　企業は事業を行う際に，様々な不確実性に晒されながら，何らかのリスクをとり，リターンの獲得を目指します。リスクや不確実性は回避するものという側面もあれば，企業が得意とする領域については，コントロール下においてリスクテイクをする側面もあるということです。簡単にいえば，将来の売上は不確実性に晒されていてよくわからないですが，自分がやったらうまくいくと思うから企業は活動をするわけです。

　たとえば，不動産を保有し，賃貸人より賃料を収受するような不動産賃貸事業を想像してみましょう。入居者がいなくなり賃料が発生しない状況が生じる空室リスクや，定められた賃料が支払われない賃料不払いリスク，経年劣化や犯罪等による物件の損耗に係るリスクや火災リスクなど，様々な不確実性に晒されています。

　不動産賃貸業を営む会社は，物件価値を向上させるノウハウやリーシングによって空室をなくす可能性を高めることをコアコンピタンスとし，経済的な利益の獲得を目指しています。一方で，賃料不払いリスクや火災リスクは，その事業にとってリターンを得ることを狙って抱えるリスクや不確実性とはいえず，入居時の与信審査や敷金を預かることや，火災保険により，リスクや不確実性を回避・低減するアクションを選択します。

　また，企業は特定のリスクや不確実性を分析し，シナリオとして認識し，コストの異なるアクションを選択します。不動産賃貸業の例では，その不動産の空室リスクをとれると判断するかしないかで企業のアクションが変わります。

　リスクをとれるシナリオでは，自らリーシングを行いリーシング結果に応じた賃料を得られます。空室リスクをとれないシナリオでは，サブリース契約を結んで賃料保証を得ることにより，空室リスクを他者に移転することができます。サブリースによりリスクを移転した場合は，自らリーシングを行って満室にしたときと比較して，そのリスクプレミアム分だけサブリースによる賃料収入は減少することとなりますが，その差額のコストを支払って空室リスクを移転するアクションをとったといえます。

第 **9** 章

第 章

データ分析基盤を構築しよう

──── Episode 9 ────

　経理部で働いている竹山さんは，決算シーズンで IR 資料作成に追われて
いました。営業部に毎期依頼している KPI のデータがいつまで経っても届
かないことから確認をしたところ，ソフトウェアのアクセス権の変更で，営
業部が情報を取得できなくなったこと，前任者の退職により資料の作成方法
がわからなくなったことが発覚しました。「会社でも DX（デジタルトラン
スフォーメーション）を推進しようとしているけど，そもそも部門間の壁を
取っ払わないとやりようがないよな。それに，データサイエンスもデータが
取得できないと，そもそも土俵にすら立てないよな…。」
　そんなことを考えながら帰宅していると，たまたま勉強会がきっかけで仲
良くなった蜂山さんに遭遇しました。話を聞いてみると，蜂山さんは，財務
会計と管理会計両方に活用できるデータ分析基盤を構築したことがあるらし
く，データ分析基盤を会社に導入することができれば，データサイエンスの
知識を活かすための土壌が出来上がり，より会社にあるデータを活用できる
ようになるとのこと。「これだ！」と確信した竹山さんはデータ分析基盤に
ついて学習を始めました。

Ⅰ　本章の目的

　この章では，経営分析を行うためのデータ分析基盤の構築について考えてい
きます。データ分析基盤とは，加工前のデータ集約，データの加工，データの
活用を一気通貫で行うための基盤であり，最近はクラウドサービスなどを用い
ることで以前より簡単にデータ分析基盤を構築することができるようになりま
した。会計データやその周辺データを用いたデータ活用は以前から実施されて
いましたが，近年ではデータ活用の重要性がより高まっています。

　しかし，経営分析を行うために財務会計の資料を用いても，財務情報の粒度

の問題や，非財務情報が取得できない，不十分であるといった制約を抱えるケースもあるでしょう。その理由として，分析基盤が十分ではないことから必要なデータを必要な形式で集められない・部門の壁が原因で情報が取得できないといったものがあります。せっかく本書でデータサイエンスの知識を学んだとしても，使えるデータがないと活用することは難しいですよね。

　そこで，本章で会計データの特徴・データ分析基盤の基礎知識を学びながら，会計業務に使えるデータ分析基盤の実装について学んでいきましょう。仕訳を作成するのみならず，管理会計や経営分析に使えるデータを保持することにより，本書で学んだデータサイエンスの知識を会計業務により活かすことができるでしょう。本章では特定のツールの紹介などは行いません。具体的なツールの使用例などを学びたい場合は，本章の末尾で紹介する参考文献を一読ください。

キーワード

- 財管一致
- 管理会計
- データ連携
- データウェアハウス
- サイロ化
- データ分析基盤
- 仕訳情報

Ⅱ　会計データ・仕訳データの特徴

1　仕訳データの特徴と作成方法

　会計データは通常，仕訳という形でシステムにインプットされます。仕訳を行うのは，資産・負債・純資産・費用・収益の増減を伴う取引のみです。つまり，商談の記録や契約の締結のみでは資産等の増減を伴わないため，仕訳として計上されないことになります。また，ホームページのアクセス履歴などの蓄積されたデータも仕訳計上されません。仕訳には主に以下の情報が主に含まれます（なお，会計システムによって仕訳データの構造に個別差がある点にご留

意ください）。

- 勘定科目（ラベル）
- 補助科目（ラベル）
- 計上部門（ラベル）
- 金額（数字）
- 消費税額（数字）
- 消費税区分（ラベル）
- 摘要（テキスト）

仕訳データは数値データとラベルデータを中心に構成されていることから，定性的な情報を盛り込むことに一定の制限があると考えられます（会計システムによっては仕訳にメモを追加したり，請求書等の証憑を添付したりすることができますが，ここでは割愛します）。

仕訳の作成のためには，根拠となる情報を各所から収集して，それらを仕訳データに変換する必要があります。たとえば，SaaS のサービスで売上を収集する場合であれば，販売管理システムのログから売上を収集するのみならず，決済データであるクレジットカード利用明細，請求書データや入金データを収集して，売上計上・債権の消込（帳簿上から債権債務の残高を消去すること）といった仕訳を計上することなどが考えられます。

しかし，これらの情報をそのまま集計するのみでは，制度会計・管理会計において有効活用できるとは限りません。たとえば，制度会計の観点では，期間配分や債権債務の開示区分，セグメント情報の集計が問題になるかもしれません。また，管理会計の観点では売上の流入元や顧客属性といった情報も利用して，経営のための意思決定を行うことが求められるでしょう。

2　制度会計への対応

会計データは単純に，請求したら売上・入金したらすぐさま債権の消込というわけではなく，制度会計への対応のために，売上を一定のルールで期間配分するなど，会計基準に合わせた対応を行う場合があります。

昨今の収益認識会計基準対応などに伴い期間配分を求められた場合においては，必要に応じてデータ構造を変更しなければならないことがあるなど，非常に手間がかかることもあります。すなわち，制度会計という強力なフレームワークに対応するために，上流の情報をそれに合わせた形に変換する必要がある

ということです。

　たとえば，売上計上の根拠に販売管理システム等を利用して，他の事業部に
システム変更の依頼などを行うケースがあるでしょう。このように，会計デー
タサイエンスにおけるデータ分析基盤構築のユースケースとして，制度会計へ
の対応は欠かせないといえます。

3　管理会計のための情報

　管理会計のために会計データを用いるには，どのようにすればよいでしょう
か。筆者は以下の理由から，必ずしも会計データの充実により管理会計を実施
することは望ましくないと考えます。

- 仕訳データは数値データとラベルデータを中心に構成されていることか
  ら，定性的な情報を仕訳に含めるには制限があること
- 複数の取引を集約して1本の仕訳を作成するケースなどもあることから，
  必ずしも1本の仕訳が1つの取引を示すものではないこと
- 上流のデータを仕訳に変換する際に情報が削がれる場合があること

　管理会計においては，仕訳の元データやマーケティングデータなどの，仕訳
に直接関係しないデータを用いることによって，意思決定に有用な示唆を得る
ことが重要と考えられます。たとえば，顧客の流入元である媒体と決済金額の
相関関係を調べるなどして，マーケティング戦略の策定を行う場合などが想定
されます。

　しかし，マーケティングのデータやEコマースの履歴データのすべてが会
計データの作成に用いられるわけではなく，さらには仕訳に変換する段階で情
報が削ぎ落とされることも考えられます。そのため，会計データを眺めるだけ
では数値の裏づけとなる情報が得られない可能性があります。それを究明する
ために，元データを管理している部門から情報を集めるなど，情報の再収集を
行うことも必要になるでしょう。

　また，仕訳情報に管理会計上必要なデータをすべて盛り込むアプローチなど
も考えられますが，先ほど説明したように仕訳データは会計システムが求める
形式で入力する必要があることから，他の情報形式に比較して情報の自由度に
制約があると考えられます。制約の中でインプットのためのフォーマットを決
定したとしても，分析したい切り口などの変化により結局対応ができなくなる
可能性があります。そのため，仕訳入力の前段階で，様々な切り口で情報を加

工できるように基盤を整えることが重要と考えられます。

Ⅲ データ分析基盤とは

データ分析基盤とは，膨大なデータを継続して収集・加工・格納・活用を一貫して行うためのシステムのことを指します。

1 データ分析基盤を構成する要素

データ分析基盤は大枠として，次の3層で構成されます。

(1) データソースからあらゆるデータを集約するデータレイク

(2) データレイクのデータを変換して使いやすい形に整備するデータウェアハウス

(3) データウェアハウスのデータをユースケースごとに加工・整理をするデータマート

しかし，**図表9-1**のとおり，3層をまとめてデータウェアハウスと呼んだりするなど，会話の文脈や記事によって解釈が異なるケースがあります。これらに厳密な定義はありませんが，思わぬ誤解を避けるために，用語の共通理解を持っておくことが望ましいです。

図表9-1　データウェアハウス

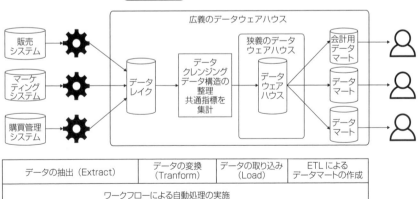

　また，各クラウドベンダーによってそれぞれの目的別に最適化されたサービスが提供されていますが（Googleの場合だと，データレイクの場合はCloud Storage，データウェアハウスの場合はBigQueryなど），必ずしも特定の層のみに利用が制限されることはありません。構造化データしか存在しないという理由でデータレイク層に分析用データベースを利用しているケースもあります。これらは利用する会社の個別事情などを勘案してツール導入を決定するのが通常です。

2　データ分析基盤を構築する前に考えること

　データ分析基盤を作成するには，いきなり着手するのではなく，「なぜ分析基盤を構築するのか」を考えることが重要です。なぜなら，解決したい課題やニーズが定義されていない段階でデータ分析基盤を導入したとしても，無用の長物になりかねないからです。

　データ分析基盤を導入するにあたり「データを1箇所に集めて分析をすれば何かしらの示唆を得られるだろう」と考えがちですが，ユースケースを考えずに分析ツールを入れたとしても，結局何をしたらよいか理解されず使われないということが発生します。そのため，データ分析基盤を構築する前に，以下の流れで目的を設定するのがよいでしょう。

　⑴　まずは目的や課題を設定したうえで仮説を立てる
　⑵　仮説検証するためにはどのようなデータが必要かを考える
　⑶　そこから逆算して必要なデータを取得する
　⑷　取得したデータを活用しやすい形に変換する

　また，データ分析の目的を設定したとしても，いきなりデータ分析基盤を作り込まないほうがよいでしょう。なぜなら，データ活用が浸透していないにもかかわらずデータ分析基盤を作り込んでも，業務実態に合わないものが出来上がってしまうからです。特にデータウェアハウス層で作成する共通指標は，データ活用が進んだ段階で要件がやっと固まるものであり，初期段階で想像で作ったとしても，実態に沿わないものになりかねません。したがって，データ分析基盤を作成する前に，以下の流れで構築をするほうが望ましいでしょう。

　①　ユースケースを達成するためにデータマートを作成する
　②　データソースを収集するためにデータレイクを作成する

③ データマートとデータレイクのギャップを埋めるために，共通指標を定義した後にデータウェアハウスを作成する

3 データレイク

データレイクは「企業のあらゆるシステムから，あらゆるデータを収集して蓄積するもの」等と説明されています（上原ほか，2020）。部門横断的な分析を実施するためには様々な部署システムからデータを集める必要があり，仮にデータがすぐに取り出せる状況になければ分析を行うことすらできません。

そのため，様々な種類のデータを1箇所に保管するためにデータレイクを構築する必要があります。データレイクを作成する際のポイントは「データをそのままの形で1箇所に集めること」です。なぜなら，複数の場所にデータがある場合，利用者が混乱する・SSOT（Single Source of Trust：信頼できる唯一の情報源）が満たされないといった事態になり，部門横断的な分析機会の減少・メンテナンス負担増などのデメリットが生じるからです。

また，データレイクにデータを保存する際は，以下の理由から，そのままの形で保存することが推奨されます。

- データ活用方法が将来的に代わる可能性があるため
- 加工後のデータが使い物にならなかったときの要因究明をしやすくするため

データレイクにデータを収集する際には，**図表9－2**のとおり，データソースごとに様々な方法があります。

図表9－2 データレイクへのデータ収集方法

データソース	データ例	収集方法
ファイル	Excel, csv, 画像, 動画, 音声	ファイル収集
API	オープンAPIのデータ，SaaSのAPIデータ	API呼び出し
データベース	顧客マスタ，販売マスタ	SQL，ファイル経由

（出所）ゆずたそ・渡部・伊藤（2021）を基に筆者作成

これらの収集には，ETLツールの活用や，APIの定期実行といった方法があります。ETLツールの代表的なものとしてCloud Composerなどがあります。また，ETLツールにはAWS Glueや，Cloud Data Fusionなどのノーコード

で実行できるものもあるので，技術力や要件等を踏まえて導入を検討してみましょう。また，データレイクの構築に使えるサービスは，Amazon S3 や Cloud Storage などが挙げられます。

4　データウェアハウス

　データウェアハウスとは，データレイクから入手したデータを統合・蓄積して，意思決定に活用できるように整理したデータの格納場所になります。大量のデータを活用できる形で管理することからウェアハウス（倉庫）と呼ばれます。データウェアハウスは通常 Amazon の Redshift や，Google Cloud の BigQuery といった分析用データベースのシステムを用いて構築されます。

　データウェアハウス層では，主に以下の3つが行われます。

- データクレンジングを行う
- データ構造を横断的に利用しやすいように整える
- 共通指標を集計して，部門横断的に利用できるデータを集計する

⑴　データクレンジング

　データクレンジングとは，データの欠損や重複削除，名寄せ，データ型の統一といった形で，データを利用可能な形に修正することを指します。各所から集約したデータのフォーマットやデータ型などが統一されていないとデータをうまく活用できないことから，データクレンジングは必要な処理になります。

　その際に，これまでの章で学習した pandas や NumPy などの知識が活きることがあります。また，これらのデータクレンジングを定期的に実行するために Google の Cloud Composer のようなワークフローエンジンを用いる場合もあるでしょう。

　なお，理想的には，データ分析基盤上でデータクレンジングを行うのではなく，大元のデータが正しく入力されるシステム設計をするべきです。そもそもデータクレンジングは行わなくて済むのなら，それに越したことはないのですから。

⑵　データ構造を横断的に利用しやすいように整える

　データウェアハウスは共通指標として使われることから，横断的にデータを管理することを前提とした設計をすべきです。設計手法の1つに，スタースキ

ーマがあります。スタースキーマとは，中央にあるファクトテーブルと，それを囲うように配置されるディメンションテーブルのセットを指します。テーブル間の関係性が星のような形になるためスターテーブルと呼ばれます。

　ファクトテーブルとは，関心対象となるイベントの発生ごとに1レコードでまとめたデータです。今回の場合は，販売履歴がファクトテーブルに該当します。ディメンションテーブルは，分析の切り口となる属性値を指します。下記の例（**図表9-3**）では，販売履歴以外がディメンションテーブルに該当します。

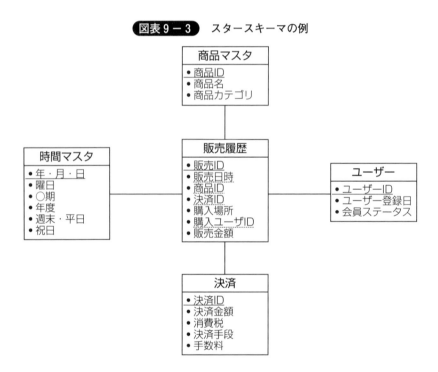

図表9-3　スタースキーマの例

　実際にSSOTになる共通指標を集計する際には，これらのスキーマをSQLなどで集約して作成することになります。

⑶　共通指標を集計して，部門横断的に利用できるデータを集計する

　スタースキーマなどの形でデータを保持できるようになったら，共通指標を集計します。上記**図表9-3**の場合であれば，月次商品別・通期ユーザー別・四半期決済ツール別などの部門横断的な共通指標が作成できるでしょう。部署

横断の共通指標についてはデータウェアハウス層で管理して，部署によって用途が異なるデータは各データマート層で管理することが推奨されます。なぜなら，横断的な指標を SSOT として 1 箇所に定めないと，下流からみた情報の信頼性に疑義が生じてしまいかねないからです。

　また，共通指標の集計・管理は BigQuery など分析用データベースで行うことが推奨されます。なぜなら，Excel や Tableau などのツールは基本的に他のツールから参照されることを前提に作られていないためです。Excel で作成した共通指標を別の Excel 等で参照するなどといった業務で，参照元のデータが知らぬ間に更新されたり，参照元のデータが見つからないことを防ぐのに共通指標は役立ちます。

5　データマート

　データマートとは，データウェアハウスのデータを目的ごとに加工して蓄積した場所のことを指します。データマートとユースケースは，以下の理由から 1 対 1 の関係にするのがよいでしょう。

(1)　他の部門の影響を気にせず集計ロジックをアップデートするため

(2)　集計ロジックを再利用することができるため

(3)　システムの応答速度を速くするため

　データ基盤はそもそもユースケースありきで作られるものなので，ユースケースの便益にあったアウトプット頻度などを検討する必要があります。リアルタイムで出力が必要なものなのか，月次または週次で足りるものなのか，後者であればワークフローが不要になるなど，ユースケースに応じた運用を構築することを意識しましょう。

Ⅳ　会計データ分析基盤

　ここまで，会計データの特徴とデータ分析基盤の構築方法について記載してきました。会計データは仕訳という形式の制約上，含めることができる情報に一定の制約があることがわかりました。さらに，管理会計などで一定の示唆を得るための情報連携の手段としてデータ分析基盤を紹介しましたが，これを会計情報とどのように組み合わせるのかは議論の余地があります。

　そこで，今回は会計業務における情報連携にデータ分析基盤を用いる，会計

データ分析基盤の構築を考えていきましょう。

1　会計業務における一般的なデータフロー例

図表9－4は，事業会社の経理業務における情報連携図の例です。経理業務においては，企業の経済活動を帳簿に記録することが求められることから，記録のための情報を各所から集約して会計システムに入力されます。つまり，会計システムには，企業活動が仕訳形式で集約されることになります。

また，近年クラウド会計ソフトが浸透してきたことにより，銀行口座やクレジットカードといった決済手段・人事給与システムや経費精算システムとの連携がしやすくなりました。これにより，会計システムに情報が集約される傾向が顕著になってきたといえますし，以前よりも財務会計における仕訳処理は簡単になってきたと考えられます。

図表9－4　**会計業務におけるシステム連携の範囲例**

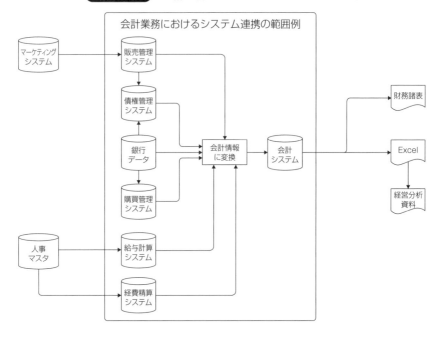

しかし，これはあくまで仕訳データ作成のための連携であり，上流のデータと組み合わせて分析を行う観点からすると不十分であると考えられます。また，会計システムと連携できないシステムから仕訳を作る際には，経理部のメンバーが情報を加工する必要があると考えられます。そのため，管理会計を実施するためには，会計システムと直接連携不可能な情報などは別途担当部署から1次情報を集める必要があります。

2 会計データ分析基盤の構築

上記のような一般的なデータフローの場合には，財務会計の観点ではそこまで大きな問題は発生しませんが，横断的なデータ分析を実施するためには情報連携が不十分であると考えられます。また，財管一致を目指すにあたっては，同一のデータソースを参照することが望ましいとも考えられます。その場合，SSOTを定めることが重要になります。データ分析基盤の作成はSSOTを達成するための1つの手法であるといえますので，**図表9－5**のような形で会計データ分析基盤を構築するのも一法でしょう。

図表9－5 会計業務におけるシステム連携の範囲例

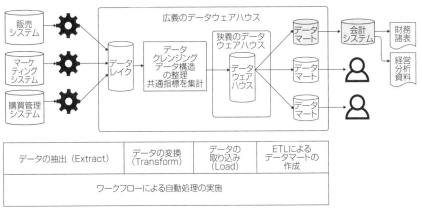

会計データ分析基盤の場合だと，会計システムを中心としたシステム連携とは異なり，会計システム用のデータ変換はあくまでユースケースの1つと位置づけられます。そのため，共通の指標を集めた上で分析したい切り口を考えることが望ましいでしょう。たとえば，販売データの場合だと，顧客別・品目

別・原価率別といったものが切り口として考えられます。

3　どこまでのデータを分析基盤に載せるべきか

　会計データ分析基盤の構築の際には，以下2点の障壁があります。

　1つ目は，データを各部門からデータレイクに収集できる体制を整備する必要があることです。そもそもデータが集められないのに分析基盤を構築することは困難であるといえるでしょう。

　2つ目は，複数の切り口を持たせづらいデータソースの取扱いが難しいことです。様々なユースケースでの分析を行うためには，それに対応した切り口でデータを保持する必要があります。しかし，実務的な制約から，すべてのユースケースに対応した粒度でデータを入手することが困難な場合もあると考えられます。私見ですが，ユースケースが明らかであるならば，多少の手間をかけてでも，データ収集の仕組み作りに投資するのは有意義だと考えられます。

Ⅴ　組織への適用方法

　ここまで，会計データ分析基盤の構築について考えてきました。しかし，データ分析基盤の知識が身についたとしてもすぐに適用できるものでありません。そこで，本節ではデータ分析基盤を組織に導入するにあたっての障壁を記します。

1　サイロ化

　業務システムから生成されたデータをビジネスロジックを踏まえて加工し，その加工されたデータを基に分析を実施することは管理会計上も広く行われています。しかし，加工されたデータの要件変更や，追加のデータが必要になった場合，データ収集のための依頼だけで1週間以上かかるなど，収集自体に手間がかかることもあります。また，保持しているデータや加工プロセスなどが各部署で分断して行われると，同じような分析が重複して実施される状況や，データ分析における情報連携がなされない状況が発生します。

　こうした状況は，データのサイロ化と呼ばれており，データを横断的に利用する際には望ましくない状態です。会計業務においても，販売部門や購買部門から情報を収集するのに時間がかかる，各部署で作成しているはずのデータを

経理部で重複して作成してしまうなど，サイロ化による非効率が生じていると考えられます。データ分析基盤の構築は，サイロ化の解決策であるといえるでしょう。

2　データ活用とセキュリティの相関関係

データ分析基盤の構築の中で，大きな課題の1つとなるのがセキュリティです。データ活用に舵を切りすぎるとセキュリティのリスクが上昇する可能性があります。逆にセキュリティを強固にする方針をとると，データ活用に様々な制限がかかるため，思うように分析ができなくなる可能性があります。データ活用とセキュリティを天秤にかけた上で，社内でポリシーを策定・データのマスキング等のルールの制定など，社内で求められるセキュリティを担保しながら，できる範囲で実施するのが望ましいでしょう。

3　会計データ基盤の導入手順

それでは，会計データサイエンスを導入するにあたり，何から始めればいいでしょうか。筆者は以下の順で進めることを推奨します。
① まず分析に特化した基盤を作成
② 管理会計分野での実践
③ 財務会計に適用
なぜなら，後者にいけばいくほど，精緻さが求められることになるためです。
データ分析基盤の作成に際しては，初期段階から多機能なものを作るよりも，最小限の機能を有するプロダクトをまず作ってみることが重要です。その後利用者が増えてきた段階でユースケースを集め，必要となる精度を検討した上で，データ分析基盤を作り込むようにしましょう。

4　人員のアサイン

では，誰が分析基盤の立上げに関わるべきでしょうか。明確な分析ニーズとデータエンジニアリングスキルの両方を兼ね備えた人材が立ち上げるのが理想的ですが，そのような人材は非常に稀有であると考えられます。そのため，明確な分析ニーズを持ったメンバーとデータエンジニアが共同して集中的に作成するのが理想的だと考えられます。
一度立ち上げたデータ分析基盤のユーザーが増えてくると，作成者のみでは

カバーすることが困難であると考えられます。このまま作成者が運用をカバーする状態が続くと，社内受託のような仕事が中心になってしまうリスクが高いので，それを防ぐために，各事業部にデータ活用人材をアサインするなどして，作成者の負担を減らしながら基盤およびデータ活用方法を見直します。

　そして，データ分析を組織的に行う体制を作り，属人化しない運営を目指していきます。

VI　まとめ

　本章では，データ分析を効果的に実施するための下地である，データ分析基盤について解説しました。データ分析を実施するためには情報が必要不可欠であり，情報を蓄積・加工するためのデータ分析基盤がより重要になります。データ分析を実施する際には，このようなデータ分析基盤まで検討してみてください。

参考文献

- ゆずたそ・渡部徹太郎・伊藤徹郎（2021）『実践的データ基盤への処方箋：ビジネス価値創出のためのデータ・システム・ヒトのノウハウ』技術評論社

  > データ基盤のノウハウを「データ」「システム」「ヒト」の 3 つの観点に分けて解説している本です。分析基盤のツールやプログラムなどについては書かれていませんが，データ基盤を導入するためのノウハウや勘所について，経験豊富な著者たちの知見を含めて解説しているため，非常にオススメの 1 冊です。

- 下田倫大・寶野雄太・饗庭秀一郎・吉田啓二（2021）『Google Cloud ではじめる実践データエンジニアリング入門［業務で使えるデータ基盤構築］』技術評論社

  > 非常に広い概念を含む「データ基盤」を，Google Cloud 上でどのように構築するかを解説しています。実際に Google Cloud を触りながら分析基盤を構築するための学習に大きく役立ちます。

- 上原誠・志村誠・下佐粉昭・関山宜孝（2020）『AWS ではじめるデータレイク：クラウドによる統合型データリポジトリ構築入門』テッキーメディア

  > データレイクはどのようなものか，データ分析基盤を Amazon のサービスを用いてどのように構築していくのかについて説明されています。AWS を中心にデータ分析基盤を構築したい方はこちらの書籍をオススメします。

あ と が き

　最後までお読みいただきありがとうございました。本書は，『企業会計』にて連載をしていた「Python ではじめる会計データサイエンス」を再構成した上で，大幅な加筆を行ったものです。連載の最終回から 2 年もかかってしまいましたが，何とか完成までこぎ着けたのは，たくさんの協力者のおかげです。連載開始前に SNS にて連絡をくださった中央経済社の坂部秀治氏，執筆を辛抱強く待ち続けてくださった担当編集の土生健人氏，連載時に二人三脚で企画を創り上げてくださった武山沙織氏，一緒にこの本の執筆にご協力いただき，本当にありがとうございました。

　本書を語るにあたり，「PyCPA」という勉強会の存在は欠かせません。筆者の 1 人である小澤圭都氏が「会計×プログラミング」をテーマとした勉強会を実施したいという声を SNS であげたことをキッカケに，筆者の蜂谷悠希氏と私が共感して運営に携わらなければ，この本は生まれなかったと思っています。

　また，本書の前身である連載を執筆するキッカケも SNS にあります。ある日，坂部氏より「是非とも一度お話ししたい」というメッセージをいただき，中央経済社に訪問することになりました。そこで，本書の担当編集である土生氏と挨拶を交わし，三式簿記の生みの親である井尻雄士先生のお話で盛り上がった後，トントン拍子で連載が決まるなど，展開の早さに驚嘆したのは今でも覚えています。連載の話をいただいた時，「私 1 人ではなく，絶対に PyCPA のメンバーと一緒に執筆したい」と思い，この 4 名で執筆する機会をいただきました。

　草稿をお読みいただいたうえでコメントを返してくださった三橋勇太氏，本田崇人氏，藤谷涼佑氏，日下勇歩氏に深くお礼申し上げたいと思います。彼らの専門知識が本書に多大な貢献をしたことはいうまでもありません。また，本書の校閲にご協力いただいた稲垣大輔公認会計士事務所スタッフの佐々木泉氏，髙井太一氏，濱野竜聖氏，成木涼雨氏にも深謝申し上げます。最後に私たち執筆陣のことをいつも支えてくれている家族や職場の方々にも心から感謝申し上げます。

　数学と会計は一見遠い分野のようにもみえますが，実はとても密接な関係があります。ルカ・パチョーリが 15 世紀の終わりに出版したスンマという本は，複式簿記を世に広めた書籍でありますが，実は数学の知識を整理した百科事典的なものでした。数学書の中に複式簿記の解説を行うということは，当時は複式簿記も数学に極めて近い領域であると考えられたのかもしれません。そこから人間より遥かに高速に計算処理ができるコンピュータが誕生し，データサイエンスという分野が産まれてきました。このように，数学と会計は，実は思いがけない部分でつながっているのです。データサイエンスも，データ間のひと目ではわからない関係を解き明かす学問であるといえるでしょう。本書が「見えないものを見つける」ために役立つとしたら，私たちにとってこれ以上の喜びはありません。

2023 年 3 月

著者を代表して　稲垣大輔

【著者紹介】

稲垣大輔（いながき・だいすけ）

公認会計士・税理士・システム監査技術者。法政大学経済学部在学中に公認会計士に合格後，有限責任監査法人トーマツ・PwC税理士法人等を経て，稲垣大輔公認会計士事務所を設立。現在は，IPO支援・システム導入支援，内部統制構築支援およびシステム監査，DX推進コンサルティング等の業務に携わる。また，監査法人Veritaパートナー・日本公認会計士協会東京会IT委員会副委員長・NPO法人の監事など，様々な活動を行っている。

小澤圭都（おざわ・けいと）

公認会計士。慶應義塾大学経済学部卒，早稲田大学大学院ファイナンス研究科修了。有限責任監査法人トーマツにて金融機関の監査やデリバティブ評価システムの検証業務に従事。現在はジャパン・ビジネス・アシュアランス株式会社にて上場企業の決算支援に携わり，ITによる業務効率化を推進。日本公認会計士協会東京会IT委員を務めたのち，日本公認会計士協会学術賞審査委員に就任。2021年より早稲田大学大学院商学研究科博士後期課程にて「複式簿記とテクノロジーの融合」をテーマに研究を行う。

野呂祐介（のろ・ゆうすけ）

慶應義塾大学理工学部卒業，慶應義塾大学大学院理工学研究科修了。有限責任監査法人トーマツにて会計監査業務を経験。現在，株式会社ローソンデジタルイノベーションにて小売業のデータ分析業務を行っている。

蜂谷悠希（はちや・ゆうき）

公認会計士・税理士・宅地建物取引士・再開発プランナー。早稲田大学大学院創造理工学研究科経営システム工学専攻修了（工学修士）。エージェントベース社会シミュレーション技法を用いた研究を行う。有限責任 あずさ監査法人での金融監査を経て，現在は三光アセットマネジメント株式会社において，市街地再開発事業などに取り組む。日本公認会計士協会東京会IT委員。

Pythonではじめる 会計データサイエンス

2023年5月25日　第1版第1刷発行
2023年7月15日　第1版第6刷発行

著　者	輔都介希継
	大圭祐悠
	垣澤呂谷
	稲小野蜂
発行者	山　本　　　継
発行所	㈱中　央　経　済　社
発売元	㈱中央経済グループ パ ブ リ ッ シ ング

〒101-0051　東京都千代田区神田神保町1-35
電話　03 (3293) 3371 (編集代表)
　　　03 (3293) 3381 (営業代表)
https://www.chuokeizai.co.jp
印刷／三英グラフィック・アーツ㈱
製本／有　井　上　製　本　所

ⓒ 2023
Printed in Japan